요한복음 2

일러두기
● 이 교재는 《박영선의 다시 보는 요한복음》에서 채택한 본문으로 구성되었습니다.

● 이 책에서는 개역개정판 성경을 인용하였습니다.

● 성경을 인용할 때, 절의 전체를 인용한 경우에는 큰따옴표(" ")로,
절의 일부를 인용한 경우에는 작은따옴표(' ')로 표기하였으나
예수님이 직접 하신 말씀을 인용한 경우에는 때에 따라 큰따옴표로 표기하였습니다.

● 본문에 《 》로 표기된 것은 도서를, 〈 〉로 표기된 것은 도서 외 작품을 가리킵니다.

성경공부 시리즈 113

요한복음 2

2023년 2월 24일 초판 1쇄 인쇄
2023년 3월 10일 초판 1쇄 발행

지은이 박영선
기획 강선, 박병석, 안성희, 오민석, 최충만
편집 문선형, 정유진
디자인 잔
제작 강동현
펴낸이 최태준
펴낸곳 무근검
주소 서울특별시 송파구 올림픽로 4길 17, A동 301호
홈페이지 www.facebook.com/lampbooks 전화 02-420-3155 팩스 02-419-8997
등록 2014. 2. 21. 제2014-000020호
ISBN 979-11-87506-92-8 03230

무근검은 남포교회출판부의 새로운 이름입니다.
무근검은 '하나님의 영광은 무겁고 오래된 칼과 같다'라는 뜻입니다.

성경공부 시리즈 113

요한복음 2

JOHN 13-21

The Gospel
According to John

박영선 지음

들어가는 말

이 책은 남포교회 구역 모임을 위한 교재입니다. 요한복음 강해 설교집인 《박영선의 다시 보는 요한복음》을 저본으로, 신앙생활에서 잊지 말아야 할 가르침과 교회 생활을 하며 함께 생각해 보아야 할 점들을 염두에 두고 열한 장을 가려 뽑았습니다. 요한복음을 더 깊이 공부하길 원하는 분은 위의 설교집을 읽으면 도움이 될 것입니다. 이 공부를 통해 신앙의 핵심을 되새기고 더욱 풍성한 교회 생활을 누리기 바랍니다.

차례

내가 너희에게
행한 것같이

1 유월절 전에 예수께서 자기가 세상을 떠나 아버지께로 돌아가실 때가 이른 줄 아시고 세상에 있는 자기 사람들을 사랑하시되 끝까지 사랑하시니라 2 마귀가 벌써 시몬의 아들 가룟 유다의 마음에 예수를 팔려는 생각을 넣었더라 3 저녁 먹는 중 예수는 아버지께서 모든 것을 자기 손에 맡기신 것과 또 자기가 하나님께로부터 오셨다가 하나님께로 돌아가실 것을 아시고 4 저녁 잡수시던 자리에서 일어나 겉옷을 벗고 수건을 가져다가 허리에 두르시고 5 이에 대야에 물을 떠서 제자들의 발을 씻으시고 그 두르신 수건으로 닦기를 시작하여 6 시몬 베드로에게 이르시니 베드로가 이르되 주여 주께서 내 발을 씻으시나이까 7 예수께서 대답하여 이르시되 내가 하는 것을 네가 지금은 알지 못하나 이 후에는 알리라 8 베드로가 이르되 내 발을 절대로 씻지 못하시리이다 예수께서 대답하시되 내가 너를 씻어 주지 아니하면 네가 나와 상관이 없느니라 9 시몬 베드로가 이르되 주여 내 발뿐 아니라 손과 머리도 씻어 주옵소서 10 예수께서 이

르시되 이미 목욕한 자는 발밖에 씻을 필요가 없느니라 온 몸이 깨끗하니라 너희가 깨끗하나 다는 아니니라 하시니 **11** 이는 자기를 팔 자가 누구인지 아심이라 그러므로 다는 깨끗하지 아니하다 하시니라 **12** 그들의 발을 씻으신 후에 옷을 입으시고 다시 앉아 그들에게 이르시되 내가 너희에게 행한 것을 너희가 아느냐 **13** 너희가 나를 선생이라 또는 주라 하니 너희 말이 옳도다 내가 그러하다 **14** 내가 주와 또는 선생이 되어 너희 발을 씻었으니 너희도 서로 발을 씻어 주는 것이 옳으니라 **15** 내가 너희에게 행한 것 같이 너희도 행하게 하려 하여 본을 보였노라 **16** 내가 진실로 진실로 너희에게 이르노니 종이 주인보다 크지 못하고 보냄을 받은 자가 보낸 자보다 크지 못하나니 **17** 너희가 이것을 알고 행하면 복이 있으리라

(요 13:1-17)

우리는 하나님 나라의 특징이 '섬김'이라는 것을 유념해야 합니다. 예수님은 친히 제자들의 발을 씻기시고, 제자들에게 "내가 주와 또는 선생이 되어 너희 발을 씻었으니 너희도 서로 발을 씻어 주는 것이 옳으니라"(요 13:14)라고 말씀하셨습니다. 십자가를 지시고 부활하심으로 만드는 나라의 최고 특징과 질서를 섬김이라고 가르치신 것입니다.

누가복음 22장을 보면, 예수님이 묘한 상황에서 제자들에게 섬김에 대해 일러 주십니다. 제자들 사이에서, 이 세상에 하나님 나라가 회복되었을 때 자기들 중에 누가 크냐 하는 다툼이 난 상황이었습니다.

예수께서 이르시되 이방인의 임금들은 그들을 주관하며 그 집

권자들은 은인이라 칭함을 받으나 너희는 그렇지 않을지니 너
희 중에 큰 자는 젊은 자와 같고 다스리는 자는 섬기는 자와 같
을지니라 (눅 22:25-26)

예수님은 '이 세상은 권력으로 다스리는 질서를 갖고 있지만,
내 나라는 섬기는 질서를 가진다. 누구든지 윗자리에 가려거든
섬기는 자가 되어라'고 가르치심으로, 우리가 기대하고 상상하
는 것과 다른 나라를 제시하십니다. 예수님은 자신의 생애를 사
시면서 여러 기적을 베풀어 우리 안에 구원자의 능력을 펼치시
고 그에 대한 소망을 불러일으키셨습니다. 하지만 그분의 가르
침은 우리의 기대에 어긋납니다. 우리의 기대에 부합하기는커
녕 '왜 예수님은 십자가를 지는 것, 곧 죽으심으로 모든 것이 끝
장난 것 같은 일을 하시는가? 그리고 어떤 나라를 세우시기에
이 같은 일을 하시는가?' 하는 의문을 남깁니다.

　우리는 예수님의 말씀에 그리스도인으로서 당연히 순종과 항
복을 해야 합니다. 하지만 우리 마음속 깊은 곳에서는 섬기라는
예수님의 요구에 대한 저항이 있습니다. 섬긴다는 것은 낮아지
는 것입니다. 어느 누구도 굴복하는 자리에 들어가는 것을 기뻐
하지 않습니다. 이 섬김은 예수님이 십자가를 지심으로 행하신
것입니다. 예수님은 섬김으로 하나님 나라를 만드십니다. 주를
믿으면 복을 받을 거라는 우리의 기대, 믿음 때문에 당장은 손
해를 보고 희생하더라도 장차 놀라운 보상이 있으리라는 우리
의 소망과는 너무 거리가 멉니다. 그렇기 때문에 우리 마음 깊
은 곳에 저항이 생깁니다.

이러한 섬김은 우리가 이 세상에서 본성적으로 가졌던 이해관계에서 벗어나지 않고는 받아들일 수 없습니다. 장구한 인류 역사에서 축적된 경험을 통하여 우리를 성찰하도록 만드신 하나님의 교훈만이 이 섬김을 받아들일 수 있게 합니다. 세상은 인류 역사에서 얻은 가장 귀한 교훈으로 '정의 사회 구현'이라는 기대와 소원을 가지고 있습니다. 그러나 인류 역사 내내 정의 사회는 실제 구현된 적이 없습니다. 이러한 이유로, 우리 안에는 '예수를 믿을 때 주어지는 일은 섬김'이라는 점에 대한 저항이 있습니다. 더불어 '정의 사회 구현'이라는 구호와 관련된 쓴 경험 때문에, 정의란 결국 권력자가 입에 달고 있는 변명일 뿐, 실제로는 구현할 수 없다는 체념이 우리 마음에 분노로 남아 있습니다.

분노는 꺼내 봤자 소용없고 이를 표출해 봤자 더 큰 손해를 보기 때문에, 분노는 결국 침묵으로 갑니다. 침묵은 입을 다물기로 하는 것입니다. 속내를 말하지 않기로 하고, 불평하지 않기로 하고, 미운털 박히지 않도록 숨기는 것입니다. 이는 굉장히 나쁜 자리로 가는 행위입니다. 스스로를 소외시키는 것, 존재하고 있으나 존재하지 않는 자로 만드는 것입니다. 이런 자리에서는 입만 열면 비난과 핑계 이외에 다른 말을 할 틈이 없게 됩니다.

바로 이 분노, 이 침묵이 성경에도 고스란히 나옵니다. 예수를 믿으면 마음이 평안해지고, 입을 열면 찬송과 감사만 나옵니까?

우리의 기대와 다르게 성경은 이 분노를 증언하고 있습니다. 시편 39편을 봅시다.

> 내가 말하기를 나의 행위를 조심하여 내 혀로 범죄하지 아니하리니 악인이 내 앞에 있을 때에 내가 내 입에 재갈을 먹이리라 하였도다 내가 잠잠하여 선한 말도 하지 아니하니 나의 근심이 더 심하도다 내 마음이 내 속에서 뜨거워서 작은 소리로 읊조릴 때에 불이 붙으니 나의 혀로 말하기를 여호와여 나의 종말과 연한이 언제까지인지 알게 하사 내가 나의 연약함을 알게 하소서 주께서 나의 날을 한 뼘 길이만큼 되게 하시매 나의 일생이 주 앞에는 없는 것 같사오니 사람은 그가 든든히 서 있는 때에도 진실로 모두가 허사뿐이니이다 (셀라) 진실로 각 사람은 그림자 같이 다니고 헛된 일로 소란하며 재물을 쌓으나 누가 거둘는지 알지 못하나이다 (시 39:1-6)

이 말씀은 하나님을 의지하고 순종하고 절제하고 희생하고 참고 사는데, 보상이 없다는 내용입니다. 악당은 더 잘되고 선한 자는 억울하기만 한 현실을 보니 마음속에서 분노가 일어납니다. '저 악당은 자기가 가진 욕심보다 더 많은 보상을 받는데, 왜 나는 모든 것을 참으며 정당하고 양심적으로 사는데도 늘 잘못한 것같이 이러한 처지에 놓여 있는가?' 그래서 화가 나 입을 다물고 악당들이 앞에 있을 때에도 악한 말을 하지 않고, 욕도 하지 않고, 좋은 말만 하자고 생각을 하는데 참았던 화가 확 터집니다. '하나님, 내가 살면 얼마나 더 살겠어요? 내 인생 요만큼밖에 안되는데,

뭘 참으란 말인가요?'라고 소리 지를 수밖에 없는 것입니다.

우리가 이처럼 침묵 속으로 빠지다가 분노를 터뜨리는 것은, 분노를 터뜨릴 이유와 자격이 우리에게 있다고 생각하기 때문입니다. '나는 이런 대접을 받으면 안 돼. 나는 이것보다 더 나은 대접을 받아야 돼. 저 밖을 봐. 저 악당들은 아무것도 모르고 온전히 악하게 살아도 저렇게 잘만 사는데, 나는 하나님을 알고 그분을 믿는데 이게 뭐란 말이야?'라고 분노가 터져 나와 침묵이 깨집니다. 이처럼 침묵이 깨지는 것은 참다못해 더 이상 가슴에 담아 둘 수 없는 분노가 터져 나오기 때문입니다. 화가 치밀어 길을 가다가 발길질을 한 것입니다.

깊고 심오하고 위대한 존재

예수님은 무엇을 하셨습니까? 우리의 분노를 가라앉히시고 우리가 한 구걸에 만족스러운 결과를 주지 않으셨습니다. 그저 우리가 처한 처지에 들어오십니다. 우리의 분노와 조급함, 비천함, 절망에 들어오십니다. 마치 '그래, 네 말이 맞다. 억울하겠다. 나같아도 못 참았겠다'고 우리에게 답하시는 것 같습니다. 예수님은 우리가 겪는 어려운 일을 해소해 주시거나 문제를 해결해 주시는 방식으로 일하시지 않습니다. 공감하시고 체휼하시고 우리가 삶에서 겪는 억울함을 함께 겪으십니다. 우리가 겪는 모욕과 수치를 하나님이 함께 감수하시는 방법이 바로 예수님을 보내시는 것이었습니다. 그것이 예수님의 공생애이고 십자가이고 부활입니다.

우리는 하나님의 이 방법을 이해하지 못합니다. 아니, 예수님
은 물로 포도주를 만드시고, 바다를 잠잠하게 하시고, 문둥병도
고치시고 맹인의 눈도 뜨게 하시고, 심지어 죽은 자도 살리시면
서 왜 죽으셔야 한단 말입니까? 하나님은 '우리'라는 존재와 우
리의 한계와 못난 처지에 공감하시고 동참하셔서 우리를 섬깁
니다. 하나님은 우리를 존중하시고, 우리가 당신을 신성모독 하
는 것도 감수하십니다. '성전을 헐고 사흘에 짓는 자여 네가 만
일 하나님의 아들이어든 자기를 구원하고 십자가에서 내려오
라'(마 27:40)는 조롱을 다 받으십니다. 우리가 가야 할 죽음과 멸
망의 자리까지 내려오셔서 우리가 절망이나 분노나 배신이나
죽음으로 도망갈 수 없도록 하나님의 은혜와 구원과 승리로 울
타리를 치십니다. 우리가 그러한 인생을 사는 것입니다.

하나님은 침묵을 깨십니다. 소외를 해소하십니다. '내가 있다.
나에게 말해라. 네 분노를, 네 슬픔을, 네 원망을, 네 절망을 내
게 말하여라. 너의 쓴 인생을 내가 다 받아 주마. 나는 네 하나님
이다. 나는 네 아버지다. 오늘도 힘들어서 울었느냐? 너는 혼자
가 아니다. 내가 너에게 일어난 모든 일을 복이 되고 힘이 되게
해 주마. 너는 그저 무럭무럭 자라라. 너는 깊고 심오하고 위대
한 존재가 되어라. 나와 함께 가자.' 이것이 우리 인생입니다.

우리가 아는 것은, 하나님이 우리의 기대를 넘어서시며 우리
의 상상을 넘어서신다는 것입니다. 그 길이 우리에게 고통스럽
다는 것 역시 알고 있습니다. 거기에서 혼동하지 말아야 합니다.

그렇다면 우리는 인생을 어떻게 살아야 하는 걸까요? 예수님

은 우리가 져야 한다고 하십니다. 이기는 것으로 우리 신앙의 종착지를 만들지 말아야 합니다. 지고 양보하는 것으로 인생을 살아야 합니다. 이것이 우리에게 영광이고 명예라는 것을 잊지 말아야 합니다. 하나님이 앞서 가겠다고 하십니다. 예수님은 '네가 만일 하나님의 아들이어든 자기를 구원하고 십자가에서 내려오라'(마 27:40)는 모욕까지 견디고 이기셨습니다. 우리도 이 승리의 유혹에 지지 말아야 합니다.

그래서 우리는 마음을 열어야 합니다. 어떻게 마음을 열 수 있을까요? 섬김으로 마음을 열 수 있습니다. '안녕하셨어요. 힘드시죠? 건강은 어떠세요? 제가 도와 드릴 일은 없을까요?'라는 인사를 해야 합니다. 침묵과 소외와 분노를 넘어서야 합니다. 이것이 우리가 해야 하는 일입니다. 입은 닫고 눈은 웃어야 합니다. 그것이 우리가 할 수 있는 위대함입니다.

우리만이 나누어 줄 수 있습니다. 우리만이 세상의 소망이고 진리이고 생명이고 힘이라는 것을 알아야 합니다. 그래야 섬길 수가 있습니다. 굴복도, 아첨도, 변명이나 고함도 답이 아니라는 것을 알아야 합니다. 우리 모두 하나님 나라의 백성으로서 그런 위대한 신자의 인생을 걷는 기적의 삶을 살기를 바랍니다.

질문하기

1.

하나님 나라의 특징은 무엇입니까?

2.

섬김의 요구에 대해 우리 마음속 깊은 곳에 저항이 생기는 이유는
무엇입니까?

3.

예수님은 우리가 겪는 어려운 일을 해소해 주지 않으시고 어떻게
일하십니까?

나누기

예수님이 나의 처지에 들어오셔서 내 분노와 침묵을 깨뜨리신
경험이 있다면 나누어 봅시다.

내가 곧
길이요 진리요 생명이니

36 시몬 베드로가 이르되 주여 어디로 가시나이까 예수께서 대답하시되 내가 가는 곳에 네가 지금은 따라올 수 없으나 후에는 따라오리라 **37** 베드로가 이르되 주여 내가 지금은 어찌하여 따라갈 수 없나이까 주를 위하여 내 목숨을 버리겠나이다 **38** 예수께서 대답하시되 네가 나를 위하여 네 목숨을 버리겠느냐 내가 진실로 진실로 네게 이르노니 닭 울기 전에 네가 세 번 나를 부인하리라 **14:1** 너희는 마음에 근심하지 말라 하나님을 믿으니 또 나를 믿으라 **2** 내 아버지 집에 거할 곳이 많도다 그렇지 않으면 너희에게 일렀으리라 내가 너희를 위하여 거처를 예비하러 가노니 **3** 가서 너희를 위하여 거처를 예비하면 내가 다시 와서 너희를 내게로 영접하여 나 있는 곳에 너희도 있게 하리라 **4** 내가 어디로 가는지 그 길을 너희가 아느니라 **5** 도마가 이르되 주여 주께서 어디로 가시는지 우리가 알지 못하거늘 그 길을 어찌 알겠사옵나이까 **6** 예수께서 이르시되 내가 곧 길이요 진리요 생명이니 나로 말미암지 않고는 아버지께로 올 자가 없느니라 **7** 너희가 나를 알았더라면 내 아버지도 알았으리로다 이제부터는 너희

가 그를 알았고 또 보았느니라 **8** 빌립이 이르되 주여 아버지를 우리에게
보여 주옵소서 그리하면 족하겠나이다 **9** 예수께서 이르시되 빌립아 내
가 이렇게 오래 너희와 함께 있으되 네가 나를 알지 못하느냐 나를 본 자
는 아버지를 보았거늘 어찌하여 아버지를 보이라 하느냐 **10** 내가 아버지
안에 거하고 아버지는 내 안에 계신 것을 네가 믿지 아니하느냐 내가 너
희에게 이르는 말은 스스로 하는 것이 아니라 아버지께서 내 안에 계셔서
그의 일을 하시는 것이라 **11** 내가 아버지 안에 거하고 아버지께서 내 안
에 계심을 믿으라 그렇지 못하겠거든 행하는 그 일로 말미암아 나를 믿으
라 **12** 내가 진실로 진실로 너희에게 이르노니 나를 믿는 자는 내가 하는
일을 그도 할 것이요 또한 그보다 큰 일도 하리니 이는 내가 아버지께로
감이라 (요 13:36-14:12)

본문은 예수님이 제자들과 마지막 만찬을 함께하시고, 자신이 십자가에서 죽을 것을 제자들에게 알려 주시는 장면입니다. 예수님이 베드로에게 "네가 지금은 따라올 수 없으나 후에는 따라오리라"라고 말씀하시자, 베드로는 "주여, 내가 지금은 어찌하여 따라갈 수 없나이까"라고 묻습니다. 그러고 나서 자기 목숨을 걸고 주님을 따라가겠다고 맹세합니다. 이때 예수님이 베드로에게 "네가 나를 위하여 네 목숨을 버리겠느냐 내가 진실로 진실로 네게 이르노니 닭 울기 전에 네가 세 번 나를 부인하리라"라고 하십니다. 도마도 묻습니다. "주여, 주께서 어디로 가시는지 우리가 알지 못하거늘 그 길을 어찌 알겠사옵나이까"라고 하자, 예수님이 "내가 곧 길이요 진리요 생명이니 나로 말미암지 않고는 아버지께로 올 자가 없느니라"라고 말씀하십니다.

하나님의 의지요 목적인 구원

본문은 예수님이 먼저 길을 여셔야 제자들이 그다음을 따라갈수 있다는 것을 보여 줍니다. 그 길은 어떤 방법론이나 규칙이아니라, 예수님 자신이라고 말씀하셨습니다. 보통 우리가 명분이나 개념이나 가치로 알고 있는 진리와 생명까지도 그 인격에속했다고 말씀하시는 것입니다. '내가 곧 길이요 진리요 생명'이라는 표현은 '하나님은 사랑이시라'(요일 4:16)라는 표현과 마찬가지로, 그 길이 추상 명사나 규칙같이 독립된 명분으로 세워진것이 아님을 말해 줍니다.

예수님은 '내가 곧 길이요 진리요 생명이니'(요 14:6)라고 말씀하셨습니다. 그분은 우리에게 복을 주시기 위해 직접 찾아와 일하셨습니다. 그러니 '길', '진리', '생명'을 하나님과 분리된 개념으로 이해하면 안 됩니다. 또한 우리 연약함 때문에 실패할 수도 없다는 사실 역시 깨닫게 됩니다. 우리가 무엇을 목표로 삼아 노력할 때에 예수와 상관없이 우리 혼자 그런 일을 이루어내도록 목표가 주어진 것이 아니기 때문입니다. 우리가 행하는종교적 헌신, 예를 들어 기도를 열심히 하고, 성경을 매일 읽고,전도를 많이 하는 것 등은 그 행위 자체가 옳은 일이라 할지라도 하나님과 분리되어 행해질 수 있다는 것을 늘 염두에 두어야합니다. 에베소서 1장은 복음과 구원을 하나님의 의지로 설명함으로써 이 지점을 드러내고 있습니다.

찬송하리로다 하나님 곧 우리 주 예수 그리스도의 아버지께서 그리스도 안에서 하늘에 속한 모든 신령한 복을 우리에게 주시되 곧 창세 전에 그리스도 안에서 우리를 택하사 우리로 사랑 안에서 그 앞에 거룩하고 흠이 없게 하시려고 그 기쁘신 뜻대로 우리를 예정하사 예수 그리스도로 말미암아 자기의 아들들이 되게 하셨으니 이는 그가 사랑하시는 자 안에서 우리에게 거저 주시는 바 그의 은혜의 영광을 찬송하게 하려는 것이라 (엡 1:3-6)

구원은 온통 하나님의 의지이자 창조의 목적입니다. 사랑이나 헌신 같은 기독교 신앙의 중요한 가치들을 언급할 때는 언제나 그 대상이 있습니다. 사랑도 대상이 있어야 되고 믿음도 대상이 있어야 됩니다. 기쁨도 대상과 함께하는 것이지, 기쁨이라는 단어가 혼자 돌아다닐 수는 없습니다. 말씀도 마찬가지입니다.

말씀은 그 말씀을 하는 자가 있고, 그가 목적과 의지와 내용을 가지고 있습니다. 그리고 말씀을 듣는 대상이 있고, 그 대상에게 반응을 요구합니다. 이것이 말씀입니다. 그런 면에서 하나님이 '말씀으로 세상을 창조하셨다', '말씀으로 찾아오셨다'는 것은 굉장한 것입니다. 하나님 곧 그 말씀이, 의지와 목적을 가진 인격적 존재로서 자신의 의지와 뜻을 우리에게 두고 있다는 것이 성경의 놀라운 선언입니다. 우리를 하나님의 형상으로 지으시고, 우리를 사랑하시고, 우리를 기뻐하시며, 당신의 모든 권능을 동원하여 우리에게 복 주시는 것을 하나님의 기쁨으로 삼으신다고 말하는 것입니다.

에베소서 1장 3-6절은 '하나님이 그리스도 안에서 무엇을 하시는가? 그리스도를 왜 보내셨는가? 그분을 우리에게 보내어 무엇을 만들려고 하시는가?'를 소개합니다. 6절을 보면, "이는 그가 사랑하시는 자 안에서 우리에게 거저 주시는 바 그의 은혜의 영광을 찬송하게 하려는 것이라"라고 합니다. 예수 안에는 하나님의 사랑, 우리를 향한 하나님의 의지, 우리의 반응을 기뻐하시는 하나님의 성의, 성경에 자주 등장하듯이 불붙듯 하는 하나님의 간절함이 있습니다.

이 점을 오해하기에 내용이 빈약한 신앙생활을 하게 됩니다. 예수를 믿는다는 것이 매일 기쁨과 기적으로 다가오지 않는 가장 큰 이유는 이를 인격에서 분리하여 하나의 명분으로 삼기 때문입니다. '나는 진실해. 나는 열심히 해'라는 말은 심지어 '나는 예수를 사랑해'라는 말에서조차 예수가 배제된 종교적 언어가 될 수 있습니다. 다시 말해 기독교가 말하는 예수와 불가분의 관계로 묶인 단어들이 아니라, 그 단어 자체가 갖는 명분에 붙잡히게 되면 우리는 자신도 모르게 기독교 신앙과 구원을 놓치게 됩니다. 하나님이 그리스도 안에서 주신, 길이고 진리고 생명이고 빛이고 은혜이고 기쁨인 충만한 것들을 다 놓치고 맙니다. 그냥 놓치고 마는 것이 아니라 심각한 부작용을 겪습니다.

용서와 따뜻함

예수님이 '내가 곧 길이요 진리요 생명이니'(요 14:6)라고 말씀하신 것은, 하나님이 당신의 인격과 주권 속에 이러한 가치들이 종속되어 있다는 것을 우리에게 기억하라는 것입니다. 기독교 신앙에서 가장 큰 명분은 '믿음이 좋은 것'입니다. 우리는 '믿음이 좋다'는 것을 '기도 많이 한다', '철저히 회개한다', '열심히 전도한다' 등으로 생각합니다. 그러나 믿음이 좋다는 것은 그런 것이 아닙니다. 기도 많이 하고, 철저히 회개하고, 열심히 전도하는 것은 핵심이 아닙니다. 물론 그런 신앙 행위들은 필요합니다. 그러나 그런 것들은 하나의 방법론이거나 법칙이거나 책임이기 전에, 우리의 항복으로부터 쏟아져 나와 우리 인생살이에 자리 잡은 것이어야 합니다.

용서하는 것, 기다려 주는 것, 따뜻한 눈길을 보내는 것, 이런 것이 기독교이고 십자가입니다. 그런데 내가 예수를 믿는다는 명분으로 비정해지고 있다면, 이는 부정적이고 소극적인 차원의 기독교 신앙을 가지고 사는 것입니다. 결국 이런 신앙을 통해 가질 수 있는 것은 '나는 잘못한 것이 없다'는 자신감뿐입니다. 잘못한 것이 없다는 것을 기준으로 삼는 자신감으로는 타인의 잘못을 지적하는 것 이상을 할 수 없습니다. 잘못한 것이 없는 자의 자신감은 타인이 잘못한 것을 비난하고 정죄하는 선택밖에 만들어 내지 못합니다.

기독교만이 잘하는 것을 격려하고, 잘하는 것을 보여 줄 수가 있습니다. 그것이 바로 용서입니다. 섬김입니다. 기다려 주는 것입니다. 그러니 우리가 잘한다고 여기는 인생살이에서 스스로 자신감을 내보일 때, 그것이 비난과 정죄로 가고 있는지 아니면 용서와 따뜻함으로 가고 있는지 점검해야 합니다. 교회 안에서 일어나는 곤란한 일은 기도할 때 눈을 뜨다가 옆 사람과 마주치게 되는 일 정도가 아닙니다. 우리의 표정이 전철에서 만난 낯선 사람 같을 때 생깁니다. 낯선 사람 같은 얼굴을 하고 있는 이유가 무엇인지 돌아보아야 합니다.

각 족속에게 이름을 주신

하나님은 우리에게 기쁨을 목적하고 계셔서 우리가 기뻐하기를 하나님은 원하십니다. 하나님이 언제나 주권을 가지고 행사하시는 은혜가 기독교가 말하는 구원의 내용이라는 것을 앞서 나눴습니다. 그 내용이 에베소서 3장에 가면 이러한 기도로 나옵니다.

> 이러므로 내가 하늘과 땅에 있는 각 족속에게 이름을 주신 아버지 앞에 무릎을 꿇고 비노니 그의 영광의 풍성함을 따라 그의 성령으로 말미암아 너희 속사람을 능력으로 강건하게 하시오며 믿음으로 말미암아 그리스도께서 너희 마음에 계시게 하시옵고 너희가 사랑 가운데서 뿌리가 박히고 터가 굳어져서 능히 모든 성도와 함께 지식에 넘치는 그리스도의 사랑을 알고 그 너비와 길이와 높이와 깊이가 어떠함을 깨달아 하나님의 모든 충만하신 것으로 너희에게 충만하게 하시기를 구하노라 (엡 3:14-19)

14절에 나온 '각 족속에게 이름을 주신'에 우리의 이름을 대입해도 좋습니다. '나 ○○에게 이름을 주신 아버지 앞에 무릎을 꿇고 비노니'라고 말입니다. 말씀으로 오신 하나님은 의지와 목적과 관계와 반응을 요구하십니다. 하나님은 우리에게 선언하시고, 찾아오시고, 우리를 목적과 대상으로 삼으시고, 하나님만이 주실 수 있는 가장 복된 것들, 곧 길과 진리와 생명과 은혜와 진리와 기쁨과 거룩과 감사를 우리에게 충만하게 주시기를 원하십니다. 이는 에베소서 3장 20절 이하에 나오는 하나님의 의지로 약속된 일입니다.

> 우리 가운데서 역사하시는 능력대로 우리가 구하거나 생각하는 모든 것에 더 넘치도록 능히 하실 이에게 교회 안에서와 그리스도 예수 안에서 영광이 대대로 영원무궁하기를 원하노라 아멘 (엡 3:20-21)

하나님의 일하심이 우리의 하루하루를 복되게 하신다는 사실을 깊이 기억하여 따뜻한 눈, 넓은 가슴, 담대한 믿음이 우리 삶의 가장 중요한 기쁨과 소원이요 기적이 되기를 바랍니다.

질문하기

1.

예수님이 먼저 여신 길은 무엇입니까?

_____

2.

예수님이 '내가 곧 길이요 진리요 생명이니'라고 말씀하신 이유
는 무엇입니까?

_____

3.

우리가 잘한다고 여기는 인생살이에서 스스로 자신감을 내보일
때, 점검해야 할 부분은 무엇입니까?

_____

나누기

우리가 전철에서 만난 낯선 사람 같은 얼굴을 하고 있는 이유가
무엇인지 돌아봅시다.

나는 포도나무요
너희는 가지라

1 나는 참포도나무요 내 아버지는 농부라 2 무릇 내게 붙어 있어 열매를 맺지 아니하는 가지는 아버지께서 그것을 제거해 버리시고 무릇 열매를 맺는 가지는 더 열매를 맺게 하려 하여 그것을 깨끗하게 하시느니라 3 너희는 내가 일러준 말로 이미 깨끗하여졌으니 4 내 안에 거하라 나도 너희 안에 거하리라 가지가 포도나무에 붙어 있지 아니하면 스스로 열매를 맺을 수 없음 같이 너희도 내 안에 있지 아니하면 그러하리라 5 나는 포도나무요 너희는 가지라 그가 내 안에, 내가 그 안에 거하면 사람이 열매를 많이 맺나니 나를 떠나서는 너희가 아무 것도 할 수 없음이라 6 사람이 내 안에 거하지 아니하면 가지처럼 밖에 버려져 마르나니 사람들이 그것을 모아다가 불에 던져 사르느니라 7 너희가 내 안에 거하고 내 말이 너희 안에 거하면 무엇이든지 원하는 대로 구하라 그리하면 이루리라 8 너희가 열매를 많이 맺으면 내 아버지께서 영광을 받으실 것이요 너희는 내 제자가 되리라 (요 15:1-8)

요한복음 15장은 예수 믿는 사람들에게는 매우 익숙한 말씀입니다. 예수님이 제자들에게 '나는 포도나무요 너희는 가지다. 가지가 나무에 붙어 있지 않으면 열매를 맺을 수 없다. 열매를 맺지 않는 가지라면 그건 내 몸에 붙어 있지 않은 것이고, 내 몸에 붙어 있지 않은 가지는 말라 버린다. 결국 사람들이 모아다가 땔감으로 쓸 것이다'라고 말씀하십니다.

이 말씀은 성도들이 당연히 예수께 붙어 있어야 한다는 믿음의 순종을 생각나게 합니다. 믿음이 약해지거나 마음먹은 대로 성실히 신앙생활을 하지 못할 때는 두려움을 느끼며 '내가 주님에게서 떠났나 보다' 하고 자책하게 하는 말씀이기도 합니다.

그러나 이 포도나무 비유는 주께 붙었다, 떨어졌다 하는 순종과 불순종을 대비하여 순종은 잘하는 일이고 불순종은 잘못하는 일이라고 교훈하기 위한 말씀이 아닙니다. 그보다 훨씬 더 중요한 내용을 품고 있습니다.

예수와 분리될 수 없다

우리가 예수에게서 떨어지는 일은 없습니다. 예수께 붙어 있으면서도 잘못된 신앙생활을 하는 경우는 있습니다. 하지만 잘못했다고 예수님과 분리되는 일은 없습니다. 요한복음 13장을 보면, 마지막 만찬 후에 예수님은 제자들에게 자신의 죽음을 예고하십니다. 그러자 베드로가 "주여, 어디로 가시나이까"라고 여쭙니다. 예수님이 "내가 가는 곳에 네가 지금은 따라올 수 없으나 후에는 따라오리라"라고 하십니다. 이에 베드로는 "주여 내가 지금은 어찌하여 따라갈 수 없나이까 주를 위하여 내 목숨을 버리겠나이다"라고 합니다. 그러자 예수님이 베드로에게 "네가 나를 위하여 네 목숨을 버리겠느냐 내가 진실로 진실로 네게 이르노니 닭 울기 전에 네가 세 번 나를 부인하리라"라고 답하십니다.

이러한 말씀에 이어 요한복음 14장에서는 예수님이 "그 날에는 내가 아버지 안에, 너희가 내 안에, 내가 너희 안에 있는 것을 너희가 알리라"라고 말씀하십니다. 지금 당장 우리가 주를 쫓아갈 수 있거나 우리가 주와 함께할 수 있는 것이 아니라고 말씀하시는 것입니다. 예수님이 십자가를 지시기 전까지는 우리에게 불가능한 일입니다. 예수님이 십자가를 지시는 것은 이 불가

능을 가능하게 한 사건입니다. 우리의 고백이나 각오나 선택이
우리의 정체성과 신분을 정하는 것이 아닙니다. 예수님이 십자
가를 지심으로 만들어 내는 재창조입니다. 새사람, 하나님의 자
녀가 되는 일은 주께서 하셔야 가능합니다. 그래야만 우리가 그
분과 하나가 되고, 그분의 제자가 되고, 그분의 자녀가 되는 신
분과 운명을 가질 수 있는 것입니다.

새 생명과 새 인생의 길

그렇다면 예수님은 왜 제자들에게 "나는 포도나무요 너희는 가
지라 그가 내 안에, 내가 그 안에 거하면 사람이 열매를 많이 맺
나니 나를 떠나서는 너희가 아무 것도 할 수 없음이라"(요 15:5)
라는 경고의 말씀을 주셨을까요? 이 말씀에는 무슨 의미가 담
겨 있을까요? 로마서 6장의 말씀으로 생각해 봅시다.

> 만일 우리가 그리스도와 함께 죽었으면 또한 그와 함께 살 줄
> 을 믿노니 이는 그리스도께서 죽은 자 가운데서 살아나셨으매
> 다시 죽지 아니하시고 사망이 다시 그를 주장하지 못할 줄을
> 앎이로라 그가 죽으심은 죄에 대하여 단번에 죽으심이요 그가
> 살아 계심은 하나님께 대하여 살아 계심이니 이와 같이 너희
> 도 너희 자신을 죄에 대하여는 죽은 자요 그리스도 예수 안에
> 서 하나님께 대하여는 살아 있는 자로 여길지어다 (롬 6:8-11)

예수님의 죽으심은 우리와 함께 죽으신 것이고, 마찬가지로 그분의 살아나심도 우리와 함께 살아나신 것입니다. 하나님이 만드신 인류는 하나님을 거절하여 죄 가운데 죽는 것을 운명으로 가지게 되었습니다. 이 죽음의 운명에 갇힌 우리를 예수께서 따라들어 오셔서 우리를 자신과 함께 묶으셨습니다. 그분의 부활에도 우리가 묶였기 때문에, 우리도 새 생명과 새 운명을 가지게 되었습니다.

이를 바울이 로마서 6장 8-11절에서 이런 권면으로 표현했습니다. 즉 '이제 너희는 죽음이 끝이 아닌, 생명이 운명인 자로 살아났다. 그러니 너희 인생은 사망의 길을 걷지 말고 생명의 길을 걷는 인생이 되어라. 예수가 없던 인생과 운명에서 예수 안에 있는 새 생명과 새 인생의 길을 걸어라' 하는 권면입니다.

이 말씀을 '잘 믿어야겠다. 제대로 순종해야겠다'고 쉽게 읽을 수 있지만, 여기에는 좀 더 깊은 내용이 있습니다. 계속해서 로마서 6장 12절 이하를 봅시다.

> 그러므로 너희는 죄가 너희 죽을 몸을 지배하지 못하게 하여 몸의 사욕에 순종하지 말고 또한 너희 지체를 불의의 무기로 죄에게 내주지 말고 오직 너희 자신을 죽은 자 가운데서 다시 살아난 자 같이 하나님께 드리며 너희 지체를 의의 무기로 하나님께 드리라 죄가 너희를 주장하지 못하리니 이는 너희가 법 아래에 있지 아니하고 은혜 아래에 있음이라 (롬 6:12-14)

'너희는 너희 자신을 의의 병기와 의의 종으로 드리고, 죄에게 너희를 바치지 말라'고 합니다. 마치 우리의 선택에 따라 예수께 순종할 수도 있고, 죄에 순종할 수도 있다는 듯한 대조가 우리 머릿속에 금방 떠오릅니다.

그러나 성경은 '죄란 하나님이 없는 것'이라고 합니다. 하나님 밖으로 나가는 것이 죄입니다. 죄라는 실체가 있어 그것만 따로 상대할 수 있는 것이 아닙니다. 우리는 그리스도와 연합되어 있습니다. 그리스도로부터 공급받아 열매를 맺는 일을 하지 않고, 나태하거나 방심하거나 외면하는 것을 성경은 죄라고 전합니다.

우리는 잘못하면 잘못한 것을 지우려고 합니다. 그래서 반복해서 회개를 하는데, 이는 신자들의 신앙생활을 제일 곤란하게 하는 것입니다. 잘못을 지우려 하거나 잘못한 시간을 만회하려고 하지 말고 그 잘못한 것을 가지고 원래 했어야 하는 순종으로 되돌아와야 합니다. 자책과 죄책을 완화하느라 적극적인 일은 하나도 하지 못하는 그런 신앙생활은 하지 말아야 합니다.

"죄가 너희를 주장하지 못하리니 이는 너희가 법 아래에 있지 아니하고 은혜 아래에 있음이라"(롬 6:14)라고 합니다. '죄가 너희를 주장하지 못한다. 너희는 죄와 상관없다'가 무슨 뜻인지 알겠습니까? 죄는 우리가 알고 있는 도덕적, 윤리적 문제가 아니고, 하나님과의 관계에 관한 문제입니다.

법은 잘못하지 않게 하는 것이 전부입니다. 그러나 은혜는 잘하게 하기 위해서 주는 선물입니다. 그러므로 은혜 안에서는 잘못하는 것이 문제가 되지 않습니다. 하나님은 잘하는 것을 격려하기 위해 예수를 보내셨고, 믿음으로 말미암는 구원을 우리에게 허락하셨습니다.

믿음이란 무엇입니까? 하나님이 예수 안에서 우리를 재창조하는 권능입니다. 예수님은 잘잘못을 물으러 이 땅에 오신 것이 아닙니다. 예수님은 우리를 잘하게 하려고 오신 것입니다. 우리는 잘하도록 부름받았는데, 이에 응하지 않는 것은 못난 짓입니다. 부끄러워해야 정상입니다. 그런데 우리는 '난 잘못을 했으니 지옥 갈 거야'라는 이분법에 사로잡혀 늘 죄책감에 빠지고 스스로를 괴롭히고 시달리게 하여 매일매일 고생을 자처합니다. 그러나 우리는 잘못한 것 위에서 좀 더 조심스럽고 실제적인 목표를 가지고 한 걸음씩 나아가야 합니다.

살면서 한 번도 쓸모 있다고 생각해 보지 못한 시간들이 우리를 만들고 있습니다. '하나님은 왜 이렇게 내 기도에 응답하시지 않는가?'라고 했던 순간들이 일을 합니다. 우리가 품는 최고의 소원과 꿈보다 크신 하나님이, 예수 안에서 보여 주신 하나님 자신에 대한 설명과 우리를 향한 하나님의 진정성을 우리의 소원과 대비하십니다. 그리고 항복의 날이 옵니다. 이런 과정을 통해 우리는 자라는 것입니다. 어느 한순간에 완성되는 것이 아니고 조금씩 큽니다.

에베소서에서는 "오직 너희의 심령이 새롭게 되어 하나님을 따라 의와 진리의 거룩함으로 지으심을 받은 새 사람을 입으라"(엡 4:23-24)라고 권면합니다. 이어 "그런즉 거짓을 버리고 각각 그 이웃과 더불어 참된 것을 말하라 이는 우리가 서로 지체가 됨이라"(엡 4:25)라고 말씀합니다.

어려운 것을 하라고 하지 않습니다. 쉬운 것부터 하십시오. 사람을 만나면 예의를 갖추십시오. 인사를 하시고 반가워하십시오. 예의와 교양을 지키십시오. 그렇게 한 가지씩 하는 것입니다. 잘못한 것에 억눌려 자폭하려 하는 것이 가장 큰 시험입니다. 이를 이겨 내야 합니다. 앞서 봤던 로마서 8장을 다시 한번 봅시다.

> 그러므로 이제 그리스도 예수 안에 있는 자에게는 결코 정죄함이 없나니 이는 그리스도 예수 안에 있는 생명의 성령의 법이 죄와 사망의 법에서 너를 해방하였음이라 (롬 8:1-2)

우리가 이 갈등을 견딜 수 있는 이유입니다. 하나님은 우리가 이 법을 이길 때까지 우리를 포기하시지 않습니다. 우리가 포기한 인생을 하나님은 포기하시지 않습니다. 이것이 성경이 우리에게 하는 답변입니다. 그러니 자신감을 가지십시오. 우리의 실패와 실수가 우리에게 중요한 과거가 되고, 실력이 되고, 유익이 될 것입니다. 우리는 그다음을 가야 합니다. '오늘은 하나라도 잘해 보자'며 하나씩 나아가야 합니다. 하루아침에 완벽해지지 않습니다. 완벽은 천국에 가야 이루어집니다.

우리를 훈련하는 고난

바울은 이 세상에서 고생하는 것이 더 유익하다는 주제를 전달하며 이렇게 고백합니다.

여러 계시를 받은 것이 지극히 크므로 너무 자만하지 않게 하
시려고 내 육체에 가시 곧 사탄의 사자를 주셨으니 이는 나를
쳐서 너무 자만하지 않게 하려 하심이라 이것이 내게서 떠나
가게 하기 위하여 내가 세 번 주께 간구하였더니 나에게 이르
시기를 내 은혜가 네게 족하도다 이는 내 능력이 약한 데서 온
전하여짐이라 하신지라 그리므로 도리어 크게 기뻐함으로 나
의 여러 약한 것들에 대하여 자랑하리니 이는 그리스도의 능
력이 내게 머물게 하려 함이라 (고후 12:7-9)

우리가 받은 고난, 원망, 자책 같은 것들이 우리를 훈련합니다.
이를 아는 것이 또한 믿음입니다. 모든 것을 지우면 속이 편해
지고 잠시 안심할 수 있지만, 이는 자기 확신에 불과합니다.

　욥이 '하나님, 우리 계급장 떼고 한번 만납시다'라고 하자, 하
나님은 '네 자신감은 어디서 나오며, 네가 무엇을 근거로 내게
해 보자고 하느냐?'라고 하셨습니다. 신앙 인생에서 자신감이란
하나님이 결국 나를 통해 승리하시고 영광 받으신다는 것 외에
는 없습니다. 우리는 법 아래 있지 않고 은혜 아래 있습니다. 법
은 비난으로밖에 확인할 것이 없습니다. 잘못을 지적하며 부작
용만 일으킬 뿐입니다. 은혜는 서로 감사하고 서로 고마워하는
것입니다.

　하나님은 매일 일하고 계십니다. 그런데 신앙생활의 당사자
인 성도가 신앙생활을 매일 할 수 없다는 것은 말이 되지 않습
니다. 매일 일하시는 하나님을 본받아 이 시간부터 귀한 신앙
인생을 누리기를 바랍니다.

질문하기

1.

우리가 예수에게서 떨어지는 일이 있습니까?

2.

성경이 말하는 죄란 무엇입니까?

3.

신앙 인생에서 가질 수 있는 자신감의 유일한 근거는 무엇입니까?

나누기

'반복해서 회개하지 말라'는 말씀은 어떻게 이해해야 바르게 이해한 것일까요?

진리의 성령이
오시면

5 지금 내가 나를 보내신 이에게로 가는데 너희 중에서 나더러 어디로 가는지 묻는 자가 없고 6 도리어 내가 이 말을 하므로 너희 마음에 근심이 가득하였도다 7 그러나 내가 너희에게 실상을 말하노니 내가 떠나가는 것이 너희에게 유익이라 내가 떠나가지 아니하면 보혜사가 너희에게로 오시지 아니할 것이요 가면 내가 그를 너희에게로 보내리니 8 그가 와서 죄에 대하여, 의에 대하여, 심판에 대하여 세상을 책망하시리라 9 죄에 대하여라 함은 그들이 나를 믿지 아니함이요 10 의에 대하여라 함은 내가 아버지께로 가니 너희가 다시 나를 보지 못함이요 11 심판에 대하여라 함은 이 세상 임금이 심판을 받았음이라 12 내가 아직도 너희에게 이를 것이 많으나 지금은 너희가 감당하지 못하리라 13 그러나 진리의 성령이 오시면 그가 너희를 모든 진리 가운데로 인도하시리니 그가 스스로 말하지 않고 오직 들은 것을 말하며 장래 일을 너희에게 알리시리라 14 그가 내 영광을 나타내리니 내 것을 가지고 너희에게 알리시겠음이라 15 무릇 아버지께 있는 것은 다 내 것이라 그러므로 내가 말하기를 그가 내 것을 가지고 너희에게 알리시리라 하였노라 (요 16:5-15)

우리는 요한복음 16장에서 성령이 오시리라는 예수님의 약속을 마주합니다. 성자 하나님의 오심과 성령 하나님의 오심은 다 성부 하나님이 작정하시고 목적하신 일을 위하여 일어난 것입니다. 그러므로 우리는 우리가 믿는 예수, 그리고 예수를 보내신 아버지 곧 세상의 주인이신 하나님이 우리에게 도대체 무엇을 하시려는지 물음을 가져야 합니다. '하나님은 우리에게 무엇을 채우시려는 것인가? 어떻게 그 일을 하시려는 것인가?' 이와 같은 질문이 신앙인들에게 중요한 생각이어야 합니다.

예정된 성령의 오심

성령 하나님이 우리에게 오심은 성자 하나님이 오신 일, 즉 그분이 십자가에서 죽으시고 부활하신 일에 이어서 등장합니다. 그리고 이 일들은 전부 원래의 계획이 차질을 빚어서 갑작스러운 변경으로 등장한 것이 아니라, 처음부터 작정된 일이라고 성경은 말합니다.

에베소서 1장을 보면 바로 이 문제, '하나님은 우리에게 무엇을, 어떻게 하시려는 것인가?'에 대한 증언을 음미할 수 있습니다.

> 우리는 그리스도 안에서 그의 은혜의 풍성함을 따라 그의 피로 말미암아 속량 곧 죄 사함을 받았느니라 이는 그가 모든 지혜와 총명을 우리에게 넘치게 하사 그 뜻의 비밀을 우리에게 알리신 것이요 그의 기뻐하심을 따라 그리스도 안에서 때가 찬 경륜을 위하여 예정하신 것이니 하늘에 있는 것이나 땅에 있는 것이 다 그리스도 안에서 통일되게 하려 하심이라 모든 일을 그의 뜻의 결정대로 일하시는 이의 계획을 따라 우리가 예정을 입어 그 안에서 기업이 되었으니 이는 우리가 그리스도 안에서 전부터 바라던 그의 영광의 찬송이 되게 하려 하심이라 그 안에서 너희도 진리의 말씀 곧 너희의 구원의 복음을 듣고 그 안에서 또한 믿어 약속의 성령으로 인치심을 받았으니 이는 우리 기업의 보증이 되사 그 얻으신 것을 속량하시고 그의 영광을 찬송하게 하려 하심이라 (엡 1:7-14)

하나님이 우리로 '그의 영광의 찬송이 되게' 하려는 목적을 가지고 있다고 합니다. '하나님의 영광의 찬송'이라는 말에서 하나님의 영광은 권력이거나 강요가 아니라, 우리에게서 기쁜 항복을 받아 내는 것임을 알 수 있습니다. 하나님의 영광을 찬송하는 것은 우리가 권력에 굴복하여 어쩔 수 없이 하는 일이 아닙니다. 하나님의 영광이 우리의 기쁨이기 때문에 마음 깊은 곳에서 나오는 충만한 찬송을 그분께 바칠 것이라는 약속입니다.

이 일은 에베소서 말씀에서 반복하여 표현된 것같이, '그의 기뻐하심을 따라', '그리스도 안에서 전부터' 즉 하나님이 창세전에 미리 준비하신 것이라고 합니다. 그래서 예수님의 오심은 가장 중요한 전환점입니다. 이 전환점에서 하나님의 목적을 향한 새로운 국면을 맞이하는 보증과 약속의 절대적 증거가 바로 성령인 셈입니다.

예수가 오심으로 판이 바뀌다

성경을 좀 더 깊이 보면서 예수의 오심과 성령의 오심에 담긴 하나님의 뜻에 대한 이해를 높여 봅시다.

예수님이 오셔서 판이 바뀌었습니다. 예수님이 오시기 전에는 죽음 곧 사망이 왕이었습니다. 그때는 인류가 하나님을 배신함으로 자초한 죽음의 세계였습니다. 그러나 예수님이 오셔서 죽음을 이기시고 부활 세상을 만드셨습니다. 십자가와 부활은 하나님의 뜻을 이루기 위한 가장 중요한 반전입니다. 구원에 관한, 기독교의 약속에 관한 모든 표현은 '그리스도 안에서' 곧 예수 안에서 이제 판이 바뀐 것을 나타냅니다. 판이 바뀌었다는 것을 꼭 기억해야 합니다.

우리가 사망 아래 있었을 때는 무엇을 하든지 그 끝은 다 허무하게 망하는 것이었습니다. 그러나 지금 우리가 속한 나라, 새로운 세상은 무엇을 하든지 다 승리하는 곳입니다. 로마서 5장을 살펴봅시다.

그러나 이 은사는 그 범죄와 같지 아니하니 곧 한 사람의 범죄를 인하여 많은 사람이 죽었은즉 더욱 하나님의 은혜와 또한 한 사람 예수 그리스도의 은혜로 말미암은 선물은 많은 사람에게 넘쳤느니라 또 이 선물은 범죄한 한 사람으로 말미암은 것과 같지 아니하니 심판은 한 사람으로 말미암아 정죄에 이르렀으나 은사는 많은 범죄로 말미암아 의롭다 하심에 이름이니라 한 사람의 범죄로 말미암아 사망이 그 한 사람을 통하여 왕 노릇 하였은즉 더욱 은혜와 의의 선물을 넘치게 받는 자들은 한 분 예수 그리스도를 통하여 생명 안에서 왕 노릇 하리로다 그런즉 한 범죄로 많은 사람이 정죄에 이른 것 같이 한 의로운 행위로 말미암아 많은 사람이 의롭다 하심을 받아 생명에 이르렀느니라 한 사람이 순종하지 아니함으로 많은 사람이 죄인 된 것 같이 한 사람이 순종하심으로 많은 사람이 의인이 되리라 율법이 들어온 것은 범죄를 더하게 하려 함이라 그러나 죄가 더한 곳에 은혜가 더욱 넘쳤나니 이는 죄가 사망 안에서 왕 노릇한 것 같이 은혜도 또한 의로 말미암아 왕 노릇 하여 우

리 주 예수 그리스도로 말미암아 영생에 이르게 하려 함이라
(롬 5:15-21)

죽음이 왕 노릇 할 때 이를 벗어날 수 있는 사람은 아무도 없었습니다. 이 사실을 우리 인생사에서 볼 수 있습니다. 죽지 않는 사람은 없습니다. 성경은 '아담의 불순종이 이런 결과를 만들었다면, 이제 성자 하나님이 이 죽음의 세계를 뒤집어 영생의 세계, 부활의 세계를 만드셨다. 그때 죽음이 왕 노릇 한 것보다 지금 이때 은혜와 승리가 왕 노릇 하는 것이 더 크고 확실한 것이다'라고 대조합니다. 그러므로 우리는 지금 다른 세계에 있는 것입니다.

예수를 믿는다는 것은, 하나님이 사랑하는 자녀들을 영생과 영광과 기쁨이 승리하는 곳으로 데려가시기 위해 그분이 새로 만든 세상에 우리라는 존재가 속했다는 것을 아는 것입니다. 죄악된 세상에서 율법을 받았을 때, 우리는 율법이 잘잘못을 가르는 기준이라고 생각했기 때문에, 우리를 하나님이 뜻하신 영광으로 이끄시기 위해 율법을 주셨다는 사실을 놓쳤습니다. 새로운 영생의 약속들은 잘잘못을 심판하기 위한 것이 아닙니다. 더 나은 곳으로, 더 좋은 곳으로 이끌기 위한 것임을 기억해야 합니다. 우리에게 일어나는 일은 결국 우리의 유익과 승리를 위해 있는 것입니다.

이것이 어떻게 가능합니까? 잘못한 것이 우리를 고쳐 놓기 때문입니다. 잘못한 것이 우리를 후회하게 하여 더 나은 사람으로 만들 것입니다. 사망이 왕 노릇 할 때는 아무리 잘해도 그 잘한 것이 우리의 운명과 승리와 만족에 아무런 기여를 하지 못했습

니다. 그러나 이제는 우리를 죽이려고 하고, 절망하게 하며, 자책하게 하는 것들로 끝나지 않을 것입니다. 그것들은 오히려 우리를 다시 일으켜 세우고 더 생각하게 하며 더 낫게 만들 것입니다.

> 우리가 알거니와 하나님을 사랑하는 자 곧 그의 뜻대로 부르심을 입은 자들에게는 모든 것이 합력하여 선을 이루느니라 (롬 8:28)

이제 우리가 사는 세계가 이처럼 생명의 세계가 되었습니다. 율법의 세계와 사망의 세계가 아니라, 새로운 생명과 약속의 세계가 된 것입니다. 그 세계는 예수 그리스도의 오심과 그분이 받으신 수난과 죽음과 부활이 만든 세상입니다. 이것이 예수를 믿는다는 의미입니다.

빛나는 기적이 되는 우리의 삶

우리는 기독교를 무엇이라고 생각합니까? 우리는 자신의 잘잘못에 사로잡혀서 '하나님이 칭찬해 주시는 일을 하자. 그러지 않거나 잘못하면 하나님에게 벌을 받을 거야'라고 생각합니다. 이런 생각은 공포에서 나옵니다. 회개를 끊임없이 하며 잘못을 지우느라고 잘할 틈이 없습니다. 우리의 못난 과거를 지우지 맙시다. 과거가 후회된다면 지금 잘하면 됩니다.

무엇을 하면 좋을까요? 제일 쉬운 것부터 하십시오. 웃으십시오. 그런데 우리는 웃는 것을 잘 못합니다. 왜 못할까요? 상대방이 나를 얕볼까 봐 그렇습니까? 상대방이 내가 아첨한다고 생각할까 봐 그렇습니까? 상대방이 오해할까 봐 그렇습니까? 웃는다는 것은 그런 것이 아닙니다. 그냥 서비스가 아닙니다. 아첨이 아닙니다. 넘쳐 나는 것입니다. 자신의 존재와 운명에 대해 자신감이 있는 것입니다. 지금 완벽해서 웃는 것이 아닙니다. 소망이 나를 붙잡고 놓지 않는다는 것을 아는 안심, 자신감에서 나오는 웃음입니다.

> 너희는 유혹의 욕심을 따라 썩어져 가는 구습을 따르는 옛 사람을 벗어 버리고 오직 너희의 심령이 새롭게 되어 하나님을 따라 의와 진리의 거룩함으로 지으심을 받은 새 사람을 입으라 (엡 4:22-24)

새사람이 되는 것은 도덕적이거나 지적인 변화 정도가 아닙니다. 정체성이고 운명입니다. 하나님은 우리로 그러한 현실을 살게 하십니다. '오늘'은 하나님이 우리에게 자신 있게 해 보라고 주신 기회입니다. 우리가 주인공이 되는 날입니다. 하나님이 우리의 삶을 빛나는 기적이 되게 하실 것입니다.

질문하기

1.

성령 하나님이 우리에게 오심은 어떤 일이었다고 성경은 주장합
니까?

_____

2.

예수님이 오셔서 판이 어떻게 바뀌었습니까?

_____

3.

예수를 믿는다는 말은 무슨 의미입니까?

_____

나누기

소망과 자신감에서 오는 웃음이 아첨과 서비스로 짓는 웃음과
어떻게 다른지 생각해 봅시다.

아들을
영화롭게 하사

1 예수께서 이 말씀을 하시고 눈을 들어 하늘을 우러러 이르시되 아버지여 때가 이르렀사오니 아들을 영화롭게 하사 아들로 아버지를 영화롭게 하게 하옵소서 2 아버지께서 아들에게 주신 모든 사람에게 영생을 주게 하시려고 만민을 다스리는 권세를 아들에게 주셨음이로소이다 3 영생은 곧 유일하신 참 하나님과 그가 보내신 자 예수 그리스도를 아는 것이니이다 4 아버지께서 내게 하라고 주신 일을 내가 이루어 아버지를 이 세상에서 영화롭게 하였사오니 5 아버지여 창세 전에 내가 아버지와 함께 가졌던 영화로써 지금도 아버지와 함께 나를 영화롭게 하옵소서 (요 17:1-5)

05

요한복음 17장은 예수님이 마지막 만찬 후에 제자들을 위하여, 자신이 가야 할 십자가의 길을 위하여, 그 뜻과 내용을 위하여 아버지께 간구하고 또 제자들에게 설명하는 기도입니다. 17장 초반부에는 '아들을 영화롭게 하사 아들로 아버지를 영화롭게 하옵소서'라는 주의 영화로움에 관한 표현이 집중적으로 나옵니다. 중반부에는 '아버지께서 나를 세상에 보내신 것 같이 나도 그들을 세상에 보내었고'라는, 삼위일체 사역에 관한 이야기가 나옵니다. 후반부에는 '우리가 하나가 된 것 같이 그들도 하나가 되게 하려 함이니이다'라는, 연합에 관한 말씀이 나옵니다. 모두 기독교 신앙의 매우 중요한 본질이고 핵심 내용입니다.

영광의 시작, 십자가의 수난

예수님은 "아버지여 때가 이르렀사오니 아들을 영화롭게 하사 아들로 아버지를 영화롭게 하옵소서"라는 말씀으로 기도를 시작하십니다. 이제 예수님은 십자가에서 죽으실 것입니다. 그것이 아들의 영광이 되고 아버지의 영광이 됩니다. 죽는 것이 아들이 영광 받는 것이요, 그 영광 받는 것이 아버지의 영광이 될 것입니다. 이 영광은 우리가 생각하는 영광과는 사뭇 달라서 해석할 엄두가 나지 않습니다. 하지만 우리가 기독교 신앙인으로서 두고두고 반복해서 확인하고 또 생각해야 하는 부분입니다.

빌립보서에서 예수의 수난에 대한 해석을 살펴볼 수 있습니다.

> 그는 근본 하나님의 본체시나 하나님과 동등됨을 취할 것으로 여기지 아니하시고 오히려 자기를 비워 종의 형체를 가지사 사람들과 같이 되셨고 사람의 모양으로 나타나사 자기를 낮추시고 죽기까지 복종하셨으니 곧 십자가에 죽으심이라
> (빌 2:6-8)

또한 예수의 순종과 비우심과 낮추심과 죽으심을 다음과 같이 해석하기도 합니다.

> 이러므로 하나님이 그를 지극히 높여 모든 이름 위에 뛰어난 이름을 주사 하늘에 있는 자들과 땅에 있는 자들과 땅 아래에 있는 자들로 모든 무릎을 예수의 이름에 꿇게 하시고 모든 입

으로 예수 그리스도를 주라 시인하여 하나님 아버지께 영광을 돌리게 하셨느니라 (빌 2:9-11)

기억해야 할 것은 하나님이 우리를 위하여 예수님을 극단적 섬김의 상태로 인도하신다는 것입니다. 섬겨야 할 대상을 위하여 최선을 넘어 극단적인 상황까지 갑니다. 예수의 죽음이 그렇습니다. 하나님의 영광은 우리가 원하는 승리나 성공에 있지 않습니다. 자기를 내어 줌에 있습니다. 우리가 자주 읽어 온 에베소서 1장 3절 이하를 봅시다.

찬송하리로다 하나님 곧 우리 주 예수 그리스도의 아버지께서 그리스도 안에서 하늘에 속한 모든 신령한 복을 우리에게 주시되 곧 창세 전에 그리스도 안에서 우리를 택하사 우리로 사랑 안에서 그 앞에 거룩하고 흠이 없게 하시려고 그 기쁘신 뜻대로 우리를 예정하사 예수 그리스도로 말미암아 자기의 아들들이 되게 하셨으니 이는 그가 사랑하시는 자 안에서 우리에게 거저 주시는 바 그의 은혜의 영광을 찬송하게 하려는 것이라 (엡 1:3-6)

이 말씀에서는 우리라는 존재에 대해 '찬송, 신령한 복, 사랑, 거룩함, 기쁨, 은혜의 영광, 그의 자녀'와 같은 단어들로 소개하고 있습니다. 바로 하나님이 우리를 향하여 품으신 뜻입니다.

거룩, 분리가 아닌 참여

하나님은 당신이 거룩하실 뿐 아니라, 우리에게도 거룩함을 요구하십니다. 그런데 하나님이 우리에게 요구하시는 거룩함과 우리가 생각하는 거룩함에 대한 책임에는 상당한 거리가 있습니다. 로완 윌리엄스는 거룩에 대해 이렇게 설명합니다.

> 거룩하게 된다는 것은 완벽하게 분리되는 것이 아니라 철저하게 참여하는 일을 뜻합니다. (《제자가 된다는 것》, 김기철 옮김, 복 있는 사람)

우리는 거룩함을, 곁에 다가갈 수 없을 만큼 높고 대단한 구별이라고 생각합니다. 그래서 우리는 하나님을 두려워합니다. 그러나 성경은 끊임없이 우리에게 하나님을 '아버지'라고 부르라고 가르칩니다.

> 너희가 아들이므로 하나님이 그 아들의 영을 우리 마음 가운데 보내사 아빠 아버지라 부르게 하셨느니라 (갈 4:6)

하지만 우리는 그렇게 하지 않습니다. 우리는 하나님을, 우리의 잘못을 나열해서 철저히 회개를 한 다음에야 간신히 무엇을 한 번 요구할 수 있는 엄한 아버지로 생각합니다. 배고플 때 어서 오라고 하시는 하나님이라고 성경이 누누이 가르친다는 것을 꿈도 꾸지 못합니다.

우리가 깨끗이 다 씻고 자격을 갖추어야 하나님을 아버지라고 부를 수 있는 게 아닙니다. 성경이 '은혜롭고 자비롭고 긍휼하신 하나님'을 소개하고, 하나님이 "여인이 어찌 그 젖 먹는 자식을 잊겠으며 자기 태에서 난 아들을 긍휼히 여기지 않겠느냐 그들은 혹시 잊을지라도 나는 너를 잊지 아니할 것이라"(사 49:15)라고 하셔도 우리는 믿지 않습니다.

우리는 하나님을 어떻게 생각하는 걸까요? 우리는 하나님을, 누구를 겁주기 위한 폭력의 하나님, 공포의 하나님으로 만들어 놓습니다. 그러고 나서 자신은 불안에 떨고 살며, 그 불안을 잠재우기 위해 다른 이에게 시비밖에 걸 줄 모르는 신앙인이 되고 말았습니다. 하나님은 우리더러 '다른 사람에게 시비를 걸어 세상 끝날까지 잘못한 자들을 다 잡아 죽이라'고 하지 않으셨습니다. 이렇게 되면 우선 자기부터 제대로 살 수 없습니다. 넉넉할 수가 없습니다. 언제나 죄책감과 자책에 사로잡혀 다 씻어 낼 수 없는 흠 많은 자신에 대해 분노하고 절망하면, 타오르는 분노를 누군가에게 터뜨릴 수밖에 없습니다.

영광된 임무

사실 예수님이 하시려는 이야기는 전부 감사와 기쁨으로 연결되어 있습니다. 요한복음 15장 9절 이하입니다.

아버지께서 나를 사랑하신 것 같이 나도 너희를 사랑하였으니 나의 사랑 안에 거하라 내가 아버지의 계명을 지켜 그의 사랑 안에 거하는 것 같이 너희도 내 계명을 지키면 내 사랑 안에 거하리라 내가 이것을 너희에게 이름은 내 기쁨이 너희 안에 있어 너희 기쁨을 충만하게 하려 함이라 내 계명은 곧 내가 너희를 사랑한 것 같이 너희도 서로 사랑하라 하는 이것이니라 사람이 친구를 위하여 자기 목숨을 버리면 이보다 더 큰 사랑이 없나니 너희는 내가 명하는 대로 행하면 곧 나의 친구라 이제부터는 너희를 종이라 하지 아니하리니 종은 주인이 하는 것을 알지 못함이라 너희를 친구라 하였노니 내가 내 아버지께 들은 것을 다 너희에게 알게 하였음이라 (요 15:9-15)

우리는 더 이상 종이 아닙니다. 하나님은 우리를 친구라고 하셨습니다. 친구란 서로 의지하는 사이입니다. 바울은 하나님의 사랑에 대해 "자기 아들을 아끼지 아니하시고 우리 모든 사람을 위하여 내주신 이가 어찌 그 아들과 함께 모든 것을 우리에게 주시지 아니하겠느냐"(롬 8:32)라고 역설합니다. 그러므로 방심하거나 허랑방탕하게 되는 것이 잘못이나 문제가 아니라, 겁을 내는 게 훨씬 더 큰 문제입니다. 우리로서는 좀 뜻밖입니다.

우리는 인생을 훨씬 넉넉하게 살 수 있습니다. 아무렇게나 사는 것은 무책임하고, 비겁한 것이며, 도망가거나 외면하는 것입니다. 우리는 열심히 살아야 합니다. 열심히 살아도 어렵고, 걱정할 것도 많습니다. 요한복음 17장은 그런 삶에 대해 이야기하고 있습니다. '우리가 누구인가? 우리가 하나님 앞에 어떤 존재인가? 아버지께서 아들로 영광을 받는다는 것이 무슨 뜻인가?'

예수님은 하나님이 자기 아들을 죽여 우리를 구원하시겠다는 그 방법이 얼마나 영광된 임무인지 고백하십니다. '아버지께서 가장 중요한 일을 나에게 시키셨다. 나의 죽음은 나의 영광이고, 아버지의 영광이다'라고 하셨습니다. 로마서 8장 14절 이하에 이런 말씀이 나옵니다.

> 무릇 하나님의 영으로 인도함을 받는 사람은 곧 하나님의 아들이라 너희는 다시 무서워하는 종의 영을 받지 아니하고 양자의 영을 받았으므로 우리가 아빠 아버지라고 부르짖느니라 성령이 친히 우리의 영과 더불어 우리가 하나님의 자녀인 것을 증언하시나니 자녀이면 또한 상속자 곧 하나님의 상속자요 그리스도와 함께 한 상속자니 우리가 그와 함께 영광을 받기 위하여 고난도 함께 받아야 할 것이니라 (롬 8:14-17)

섬김에는 고난이 뒤따릅니다. 예수님이 행하신 것처럼 지는 역할을 하기 때문에 고난이 옵니다. 하지만 고난이 예수께 영광이었던 것을 기억한다면, 우리에게도 지는 역할을 맡기셨다는 것은 곧 영광입니다. 지는 것으로 다른 사람을 영광된 자리로 함께 데리고 오라는 것이 우리의 인생이고 현실입니다. 성경이 말하는 신자의 정체성이고, 운명이고, 책임입니다.

그런데 우리는 왜 서로 속이고 살까요? 왜 스스로를 속이고 영광도 기쁨도 없이, 저주와 절망과 분노 속에 사로잡혀 누구를 비난하며 살까요? 죄인을 밝혀 범인을 잡기보다 이 복음을, 이 기쁨을, 이 기적을, 이 웃음을 나누면 됩니다. 지난 한 주 동안 통쾌하게 웃어 본 적 있습니까? 세상의 통쾌함은 누군가를 호되게 잡는 데에 있지만, 우리의 통쾌함은 '맞아, 이게 복음이야. 이게 신자가 존재하는 가치야'라는 만족에 있습니다.

질문하기

1.

아버지께서 아들에게 주신 영광은 무엇입니까?

_____

2.

하나님은 우리를 위하여 예수님을 어떤 상태로 인도하십니까?

_____

3.

하나님은 우리를 종이 아닌 어떤 존재로 여기십니까?

_____

나누기

한 주간 통쾌하게 웃어 본 적이 있다면 함께 나누어 봅시다.

우리와 같이 그들도
하나가 되게 하옵소서

8 나는 아버지께서 내게 주신 말씀들을 그들에게 주었사오며 그들은 이 것을 받고 내가 아버지께로부터 나온 줄을 참으로 아오며 아버지께서 나를 보내신 줄도 믿었사옵나이다 9 내가 그들을 위하여 비옵나니 내가 비옵는 것은 세상을 위함이 아니요 내게 주신 자들을 위함이니이다 그들은 아버지의 것이로소이다 10 내 것은 다 아버지의 것이요 아버지의 것은 내 것이온데 내가 그들로 말미암아 영광을 받았나이다 11 나는 세상에 더 있지 아니하오나 그들은 세상에 있사옵고 나는 아버지께로 가옵나니 거룩하신 아버지여 내게 주신 아버지의 이름으로 그들을 보전하사 우리와 같이 그들도 하나가 되게 하옵소서 12 내가 그들과 함께 있을 때에 내게 주신 아버지의 이름으로 그들을 보전하고 지키었나이다 그 중의 하나도 멸망하지 않고 다만 멸망의 자식뿐이오니 이는 성경을 응하게 함이니이다 13 지금 내가 아버지께로 가오니 내가 세상에서 이 말을 하옵는 것은 그들로 내 기쁨을 그들 안에 충만히 가지게 하려 함이니이다 14 내가 아버지의 말씀을 그들에게 주었사오매 세상이 그들을 미워하였사오니 이는 내

가 세상에 속하지 아니함 같이 그들도 세상에 속하지 아니함으로 인함이
니이다 **15** 내가 비옵는 것은 그들을 세상에서 데려가시기를 위함이 아니
요 다만 악에 빠지지 않게 보전하시기를 위함이니이다 **16** 내가 세상에
속하지 아니함 같이 그들도 세상에 속하지 아니하였사옵나이다 **17** 그들
을 진리로 거룩하게 하옵소서 아버지의 말씀은 진리니이다 **18** 아버지께
서 나를 세상에 보내신 것 같이 나도 그들을 세상에 보내었고 **19** 또 그들
을 위하여 내가 나를 거룩하게 하오니 이는 그들도 진리로 거룩함을 얻게
하려 함이니이다 (요 17:8-19)

요한복음 17장은 예수님이 돌아가시기 전, 마지막 만찬에서 하신 기도가 담긴 말씀입니다. 여기 나온 예수님의 기도는 '대제사장적 기도'로 알려져 있습니다. 이 기도에는 아주 중요한 세 가지 내용이 나옵니다. 하나님의 거룩하심에 대해 소개하고, 하나님이 예수와 친밀하게 연합하신 것같이 우리도 성부와 성자와 성령의 연합에 부름받고 있으며, 성부께서 성자를 보내신 것같이 예수님도 우리를 세상에 보내신다는 이 세 가지 주제가 아주 긴밀하게 연결되어 있습니다.

하나님의 거룩하심

하나님의 거룩하심은 본문의 시작 부분에도 나옵니다.

> 나는 세상에 더 있지 아니하오나 그들은 세상에 있사옵고 나
> 는 아버지께로 가옵나니 거룩하신 아버지여 내게 주신 아버지
> 의 이름으로 그들을 보전하사 우리와 같이 그들도 하나가 되
> 게 하옵소서 (요 17:11)

여기에서 하나님의 거룩하심을 언급한 것은 그들로 지칭된 우리
를 부르기 위해서입니다. '거룩하신 아버지여, 그들도 우리와 하
나가 되게 하옵소서'라고 연합을 요청하면서, 또 아버지의 뜻을
드러내면서 거룩하심에 대한 언급을 시작합니다. 이 거룩하심은
나중에 우리를 세상으로 보낼 때에도 동일하게 언급됩니다.

> 그들을 진리로 거룩하게 하옵소서 아버지의 말씀은 진리니이
> 다 아버지께서 나를 세상에 보내신 것 같이 나도 그들을 세상
> 에 보내었고 또 그들을 위하여 내가 나를 거룩하게 하오니 이
> 는 그들도 진리로 거룩함을 얻게 하려 함이니이다 (요 17:17-19)

보내시는 분이 거룩하신 것같이 우리를 보내시는 일도 거룩하
다고 말씀하십니다. 대개 '거룩함'을 생각하면 제일 먼저 떠오르
는 개념이나 이해가 '구별됨'입니다. '거룩하다'고 하면, '세상과
구별되어 있다. 초월적이다'라는 뜻으로 이해합니다. 이때 나오

는 '초월'은 도덕성을 넘어서는 완벽함이나 속된 것과 구별되는 천상의 것에 속하는 진리라고 먼저 생각될 것입니다.

그러나 로완 윌리엄스는 《제자가 된다는 것》이라는 책에서 거룩함이라는 개념을 다르게 소개합니다. 그는 '거룩함'을 '구별'로 보지 않고 '연합', '참여'로 봅니다. 본문에 나오는 예수의 거룩하심과 보냄 받은 자들에게 요구되는 거룩함은 모두 이 연합과 보냄, 참여가 묶여 있습니다.

하나님의 거룩하심이라는 개념이, 하나님이 우리와 멀리 떨어져 있다는 의미나 우리와 극명하게 대조되는 간격으로 이해되어서는 안 됩니다. 로완 윌리엄스는 "오히려 가장 거룩하신 분이신 예수께서는 가장 깊이 참여하시고 인간의 경험 가장 깊은 곳으로 들어가십니다"라고 했습니다. 성경에서는 그분의 거룩하심이 주께서 찾아오심에서 가장 특징적으로 나타난다고 이야기하는 셈입니다.

물론 하나님과 인간은 일단 존재론적으로 비교할 수 없습니다. 하나님과 우리 사이에는 서로 가까이할 수 없는 간격이 있습니다. 그러나 요한복음 17장에서 예수님은 '저는 이제 아버지께 갑니다. (예수님은 곧 죽으실 것이기 때문입니다.) 그런데 제가 그들을 보냅니다. 제가 그들을 보내는 것은 아버지께서 저를 보내신 바로 그 방법입니다. 그리고 아버지께서 저를 보내신 뜻입니다. 아버지와 저는 하나입니다. 제가 그들을 보내는 것은 우리가 하나이기 때문입니다. 제가 아버지의 뜻을 이룬 것같이 그들이 맡은 책임은 바로 우리와 그들이 하나 된 증거로, 하나 된 결과로 가능한 일입니다'라고 풀어내십니다.

이는 신앙이 거룩하고 완벽함을 구하는 일이라는 것과 그에 따른 책임과 임무로 구별된다는 우리의 생각과 다릅니다. 이 세상에 남은 우리의 생애는 예수님의 성육신처럼 하나님의 영광이고 우리의 영광입니다. 예수님이 이 땅에 오셨을 때에는 아버지를 드러내고 그분의 뜻을 행하러 오셨습니다. 말하자면 예수님은 아버지의 거룩한 뜻을 우리에게 연결해 주시기 위해서 오셨습니다. 우리의 생애와 존재가 거룩한 일을 할 수 있는 것은 하나님과 연합되었기에 가능한 일입니다. 아버지께서 기꺼이 기뻐하심으로 그의 아들을 보내어 영광을 받으신 것같이, 우리가 받은 위임은 아버지의 영광이요 우리의 영광이라고 예수님이 말씀하셨습니다.

회복하시고 재창조하시는 거룩

우리의 신앙 이해는 아무래도 세상적 이해나 논리에 더욱 익숙합니다. 그렇기 때문에 우리는 '하나님이 우리에게 할 일을 다 하셨으니, 이제 우리가 하나님에게 은혜를 갚자'는 생각을 갖고 있습니다. 그러나 성경은 그런 식으로 이야기하지 않습니다. 요한복음 17장 14절을 봅시다.

> 내가 아버지의 말씀을 그들에게 주었사오매 세상이 그들을 미워하였사오니 이는 내가 세상에 속하지 아니함 같이 그들도 세상에 속하지 아니함으로 인함이니이다 (요 17:14)

우리는 세상에 속하지 않았습니다. 그래서 우리는 거룩해야 합니다. 우리는 세상과 구별되는, 죄와 구별되는 생각을 우선적으로 해야 하는 존재들입니다.

그런데 이렇게 예수님이 세상과 구별되는 존재라면, 그분의 성육신은 무엇이란 말입니까? 그분은 죄인을 구하러 세상에 오셨으나, 세상으로부터 죄인 취급을 받으셨습니다. 우리가 '거룩함'을 로완 윌리엄스에 의해 알게 된 '하나님의 참여, 찾아오심, 동일시하심'이라는 개념에서 보자면, 단지 세상에 속하지 않았다는, 성속聖俗을 구별하는 대조와 달리, 훨씬 적극적인 의미임을 알 수 있습니다. '하나님은 그 아들을 보내신 것같이 우리를 보내셨고, 우리는 세상에서 성자 하나님의 역할을 이어받아, 성삼위 하나님의 교제와 연합 가운데 있는 자의 지위로 대접을 받고 있다'고 여겨야 합니다. 그렇게 생각한다면, 세상의 못 볼 것들과 말이 안되는 것들에 대해, 하나님이 이를 권능으로 고치고 회복하고 재창조하고 은혜를 베푸실 것이다 하는 마음을 가지고 바라볼 수 있습니다.

우리에게 늘 웃으라는 것도 아니고, 늘 낙관적으로 생각하라는 것도 아닙니다. 그런 처세술 같은 캐치프레이즈로 신자 된 삶을 영위하고 힘을 얻으라는 말이 아닙니다. 우리가 전체적 안목 곧 존재와 운명과 세계관에서, 세상이 끝날 때 그 과정 속에서 하나님이 어떻게 완성하시면서 은혜와 영광을 받으시기에 충분히 개입하시고 관여하시며 일하시는지를 발견해야 합니다. 다시 말해 "내가 세상에 속하지 아니함 같이 그들도 세상에 속하지 아니하였사옵니다 그들을 진리로 거룩하게 하옵소서 ……

나도 그들을 세상에 보내었고 …… 이는 우리가 하나가 된 것 같이 그들도 하나가 되게 하려 함이니이다"(요 17:16-22)를 이해해야 합니다. 그중에서도 21절을 보십시오.

> 아버지여, 아버지께서 내 안에, 내가 아버지 안에 있는 것 같이 그들도 다 하나가 되어 우리 안에 있게 하사 세상으로 아버지께서 나를 보내신 것을 믿게 하옵소서 (요 17:21)

그 하나 됨, 곧 아버지와 아들의 연합은 그 아들을 세상에 보내심으로써 이 세상을 하나님과 화목하게 하고, 그분의 사랑과 영광과 기쁨으로 삼위 하나님의 연합과 교제에 신자인 우리를 품으시는 것으로 확대하고 있습니다. 말하자면 주님은 이를 창조이자 재창조이고, 종말이라고 말씀하십니다. 이로 인해 '신자 됨'에 대한 이해가 완전히 달라집니다. 예수님은 높고 낮은 것이 아니라 시작과 과정과 끝이 비로소 함께 눈앞에 펼쳐지는 그런 기도를 하신 것입니다.

삼위일체 하나님에 대한 이해

성경은 하나님이 창조 위에 계시는 초월자이시며, 그 초월자가 성자 하나님으로 실제 세상에, 역사에 들어오셨다고 말씀합니다. 하나님은 분명히 초월자이시며, 창조자와 심판자이시면서 시간과 육체 속에 들어오셔서 역사를 실제로 주관하시는 분이

십니다. 성부 하나님이 맡기신 일을 성자 하나님은 실존적 역사 속에 행하셔서 우리 생애에 걸쳐 우리에게 결과로 나타내 주십니다. 그리고 우리로 하여금 그 역할을 이어받게 하십니다. 우리에게 '아버지의 유업을 이을 자'라고 하십니다. 예수님은 지금 이 동등한 지위를 우리에게 맡기시고, 우리 안에서 일하고 계십니다. 이것이 요한복음 17장이 하고 싶은 이야기입니다.

그러므로 예수님이 '아버지가 나를 보냈다'라고 하신 것은 굉장한 말씀입니다. 한 분 하나님이 '내가 지금 너희랑 함께하고 있다'라고 말씀하시는 것입니다. 그리고 '하나님이 삼위의 연합이라는 관계와 교제 속에서 일하고 계시다'는 것은 '하나님이 직접 하시면 될 일을 왜 우리에게 맡겨서 우리 인생을 고통스럽게 하십니까?'라는 데 답을 주신 것이기도 합니다.

하나님은 우리에게 '너희는 눈물과 슬픔이 복이고 기적이고 은혜인 인생을 친히 살아라. 너희가 걷는 걸음과 너희가 하는 모든 기도와 너희가 쉬는 모든 호흡마다 내가 너희와 함께할 것이다. 내가 너희의 비명 섞인 기도를 듣고 너희의 발걸음을 복되게 할 것이다'라고 말씀하신 것입니다.

이는 마치 혼자 노래를 하는 것이 아니라 화음을 넣어 중창을 하고 합창을 하는 것과 같습니다. 전문가가 아니더라도 음악을 좋아해서 듣는 사람들은 오케스트라가 좋다는 것을 잘 압니다. 그렇듯이 하나님은 자신을 삼위 하나님으로 거룩하신 분이라고 우리에게 가르칩니다. 우리로 '이 하나 된 것을 즐겨라. 이 하나 된 영광을 누려라'라고 하십니다. 그래서 13절에 이렇게 전합니다.

지금 내가 아버지께로 가오니 내가 세상에서 이 말을 하옵는 것은 그들로 내 기쁨을 그들 안에 충만히 가지게 하려 함이니이다 (요 17:13)

예수님이 왜 아버지께 가십니까? 우리는 예수님이 떠나면 손해이고, 그분이 없으면 목자 잃은 양같이 될 거라고 생각합니다. 하지만 예수님은 그렇게 생각하지 않으셨습니다. '내가 씨를 심었고 싹이 났다. 나는 내 할 일을 마쳤고, 이제 너희가 내 역할을 실제로 해 볼 수 있다. 이렇게 하는 것은 아버지의 거룩하심과 나의 기쁨이 너희 것이 되게 하기 위해서다'라고 하셨습니다. 놀랍지 않습니까?

예수님은 당신이 행하신 일을 이제 우리에게 행하라고 하십니다. 그런데도 우리는 하나님의 목적, 곧 마지막 심판을 공포로만 이해합니다. 그런 면에서 대제사장적 기도는 완벽한 절정이자, 대단원입니다. 이는 하나님의 기쁘신 영광이 모든 피조물의 회복과 완성으로 가는 길입니다. 우리가 그 일에 참여하여 하나님과 하나 되어 그 기쁨과 영광을 나누기를 기도합니다.

질문하기

1.
요한복음 17장 11절에서 하나님의 거룩하심을 언급한 이유는 무엇입니까?

2.
성부 하나님이 성자 하나님에게 맡기신 일을 이제 누가 이어받는다고 합니까?

3.
예수님이 아버지께로 가신 것은 무엇을 위해서입니까?

나누기

하나님이 씨를 심고 싹이 나게 한 일에 동참하여 내 역할을 해본 경험이 있다면 나누어 봅시다.

내가 그니라

1 예수께서 이 말씀을 하시고 제자들과 함께 기드론 시내 건너편으로 나가시니 그 곳에 동산이 있는데 제자들과 함께 들어가시니라 2 그 곳은 가끔 예수께서 제자들과 모이시는 곳이므로 예수를 파는 유다도 그 곳을 알더라 3 유다가 군대와 대제사장들과 바리새인들에게서 얻은 아랫사람들을 데리고 등과 횃불과 무기를 가지고 그리로 오는지라 4 예수께서 그 당할 일을 다 아시고 나아가 이르시되 너희가 누구를 찾느냐 5 대답하되 나사렛 예수라 하거늘 이르시되 내가 그니라 하시니라 그를 파는 유다도 그들과 함께 섰더라 6 예수께서 그들에게 내가 그니라 하실 때에 그들이 물러가서 땅에 엎드러지는지라 7 이에 다시 누구를 찾느냐고 물으신대 그들이 말하되 나사렛 예수라 하거늘 8 예수께서 대답하시되 너희에게 내가 그니라 하였으니 나를 찾거든 이 사람들이 가는 것은 용납하라 하시니 9 이는 아버지께서 내게 주신 자 중에서 하나도 잃지 아니하였사옵나이다 하신 말씀을 응하게 하려 함이러라 10 이에 시몬 베드로가 칼을 가졌는데 그것을 빼어 대제사장의 종을 쳐서 오른편 귀를 베어버리니 그 종의 이름

07

은 말고라 **11** 예수께서 베드로더러 이르시되 칼을 칼집에 꽂으라 아버지
께서 주신 잔을 내가 마시지 아니하겠느냐 하시니라 (요 18:1-11)

예수님은 겟세마네 동산에서 마지막으로 기도하시고, 유다를
앞장세워 당신을 잡아 죽이려는 자들과 마주하게 됩니다. 예수
님은 당할 일을 이미 아시고 이렇게 말씀하십니다.

> 너희가 누구를 찾느냐 대답하되 나사렛 예수라 하거늘 이르시
> 되 내가 그니라 하시니라 (요 18:4-5)

예수님이 '내가 그니라'라고 말씀하시자 예수를 잡으러 온 이들
이 물러가서 땅에 엎드러졌습니다. 이어서 예수님은 "너희에게
내가 그니라 하였으니 나를 찾거든 이 사람들이 가는 것은 용납
하라"라고 하십니다. 주님은 홀로 잡히실 것이고, 제자들은 물
러갈 것입니다.

심판대에 선 메시아

겟세마네 동산에서 기도하실 때, 예수님은 '천사가 하늘로부터 예수께 나타나 힘을 더하더라'(눅 22:43)라고 할 정도로 혼자서 감당하기 힘들어하셨습니다. 그런데도 베드로가 대제사장의 종 말고의 귀를 베며 저항할 때에 예수님은 '네 칼을 도로 칼집에 꽂으라 칼을 가지는 자는 다 칼로 망하느니라 너는 내가 내 아버지께 구하여 지금 열두 군단 더 되는 천사를 보내시게 할 수 없는 줄로 아느냐'(마 26:52-53)라고 말씀하셨습니다.

예수님은 자신이 받을 고난이 힘들다는 것을 아시면서도 권세 곧 권력을 한 번도 사용하지 않으셨습니다. 병자를 고치시고 죽은 자를 살리시며 사람들의 근심을 덜어 기쁨을 주시는 수많은 기적을 행하시면서도 자신의 정체를 감추셨습니다. 그러나 정작 당신이 잡히시는 자리에서는 '내가 메시아가 맞다'고 하시며 정체를 드러내십니다.

마가복음 14장에는 이 장면이 매우 혼란스럽고 흥분되고 두려움에 찬 모습으로 그려져 있습니다. 대제사장들이 예수님을 잡아다가 심문합니다. 그들은 거짓 증인들을 세워 "우리가 그의 말을 들으니 손으로 지은 이 성전을 내가 헐고 손으로 짓지 아니한 다른 성전을 사흘 동안에 지으리라 하더라"라고 말하게 하지만, 그 증언도 서로 일치하지 않아 예수님을 칠 증거가 되지 못합니다. 그때 대제사장이 예수께 "네가 찬송 받을 이의 아들 그리스도냐"라고 묻습니다. 그러자 예수께서 "내가 그니라"라고 이르십니다.

바다를 잠잠하게 하시고 보리떡 다섯 개와 물고기 두 마리로 오천 명을 먹인 기적을 일으키신 주님은 그때마다 자신이 메시아임을 밝히지 말라고 하셨습니다. 여태껏 자신이 메시아임을 감추셨던 분이 대적자들에게 잡혀 와 무력한 모습을 드러내는 장소에서는 대놓고 '내가 메시아다'라고 답하신 것입니다.

주님이 많은 기적과 권세를 드러내셨을 때 '내가 메시아다'라고 하셨다면, 사람들은 대번에 자신들이 기다리던 메시아가 최고의 권력을 가지고 오셨다고 이해했을 것입니다. 사람들이 생각하는 메시아의 최대치는 '모든 죄인을 심판하고, 정의를 실현하고, 그분의 백성을 평안과 행복으로 이끄는 것'입니다. 이것이 사람들이 생각할 수 있는 구원자, 구세주에 대한 최대의 상상입니다.

그러나 성경은 이 사건을 소개하여 우리의 기대와 생각을 넘어서게 합니다. 예수님은 고난의 자리 곧 심판대 앞에까지 서십니다. 그 자리는 어떤 곳입니까? 우리가 아는 승부의 세계, 권력의 세계, 안심의 세계가 아닙니다. 이해와 납득 같은 것이 전혀 들어올 수 없는 문맥과 정황 속에서 드디어 예수님이 '내가 메시아다'라고 하십니다.

예수님이 우리에게도 이렇게 도전하신 셈입니다. '하나님이 너희를 사랑하여 그 아들을 보내시고 구원을 베푸셨다는 말이 무슨 의미인지 알기를 원한다. 성육신과 십자가 사건에 담긴 하나님의 의도가 무엇인지 너희가 알기를 원한다.'

예수께서 대적자들에게 "너희가 누구를 찾느냐?"라고 물으실 때, 그들은 "나사렛 예수라"라고 답합니다. 그리고 예수님은 그를 찾는 이들의 어떠한 질문에도 "Yes"라고 답하지 않으십니다. 예수님의 대답은 그저 "I am"입니다. 그냥 '나다'입니다.

예수님이 하신 대답을 들으니 모세가 미디안 광야에서 하나님에게 했던 질문이 떠오르지 않습니까? 출애굽기 3장에서 모세가 하나님에게 이렇게 질문합니다.

> …… 내가 이스라엘 자손에게 가서 이르기를 너희의 조상의 하나님이 나를 너희에게 보내셨다 하면 그들이 내게 묻기를 그의 이름이 무엇이냐 하리니 내가 무엇이라고 그들에게 말하리이까 (출 3:13)

모세가 하나님의 이름을 묻자, 하나님이 답하십니다. "I am that I am." 이를 옮기면 "나는 스스로 있는 자이니라"입니다. '나는 스스로 있는 자이니라. 넌 나에게 물을 것 없다. 물어봐야 소용없다. 나는 하나님으로서 내 기쁨과 복을 너희에게 주기를 원하여 지금 여기에 있다'는 의미로 하나님이 모세에게 답변하신 것입니다. 그런데 지금 예수님도 그렇게 자신에 대해 말씀하십니다.

따지고 보면, 모세가 그 옛날 자기 백성을 위하여 궐기했던 일은 실패하여 이제 자기 자신에게는 남은 것도 없이, 그는 40년간 미디안 광야에서 완전히 잊히고 묻혔습니다. 그는 자기 삶을 체념해 버렸습니다. 모세에게서 더는 뭔가 나올 수 없는 때에, 하나님이 그를 부르십니다. 모세에게 '너는 준비가 되었다'라는 자격을 찾을 수 없을 때에 그를 부르신 것입니다.

> 여호와께서 이르시되 내가 애굽에 있는 내 백성의 고통을 분명히 보고 그들이 그들의 감독자로 말미암아 부르짖음을 듣고 그 근심을 알고 내가 내려가서 그들을 애굽인의 손에서 건져내고 그들을 그 땅에서 인도하여 아름답고 광대한 땅, 젖과 꿀이 흐르는 땅 곧 가나안 족속, 헷 족속, 아모리 족속, 브리스 족속, 히위 족속, 여부스 족속의 지방에 데려가려 하노라 (출 3:7-8)

이처럼 앞뒤가 맞지 않는 모세의 생애에 하나님이 찾아와 임무를 맡기십니다. 모세는 이런 일을 자신에게 맡기시는 이유를 찾을 수 없었습니다. 자기 처지를 생각해 보면 이해할 수 없는 때에 하나님이 찾아오신 것입니다. 이후 모세는 하나님의 백성을 위해 헌신하고 희생하고 인내하고 믿음을 지키는 사람이 됩니다. 이는 모세가 하나님의 일하심에 동참하기로 항복했기 때문입니다. 그가 구원의 원인이 되었거나 이스라엘의 구원을 성취해 낸 해결자가 되었기 때문이 아닙니다.

이것이 신자의 정체성이고, 운명입니다. 예수님이 재판정에서 계시며 우리에게 보여 주시는 모습입니다. 무엇을 보여 주십니까? 예수님이 우리의 무지, 거부, 분노, 못난 짓에 함께 서 계신 것을 보여 주십니다. 이 모든 것으로 우리를 구원하십니다. 이것들을 바꿔 놓지도 않으시고 꾸짖지도 않으십니다.

마가복음 14장에서는 예수님이 '내가 그니라'라는 말씀 뒤에 '인자가 권능자의 우편에 앉은 것과 하늘 구름을 타고 오는 것을 너희가 보리라'(막 14:62)라고 말씀하신 것을 덧붙입니다. 그러자 대제사장들이 자기 옷을 찢고 펄펄 뛰면서 "우리가 어찌 더 증인을 요구하리요 그 신성모독 하는 말을 너희가 들었도다"라고 반응합니다. 그러면서 그들은 예수를 정죄하고 죽이기로 결정하여 그때부터 예수를 조롱하고 폭행하기 시작합니다. 예수님은 그 못난 행동을 보며 정죄하지도, 꾸짖지도, 분노하지도, 두고 보자고 항의하지도 않으십니다. 예수님은 순진한 사람들과 진실한 사람들을 구원하러 오신 것이 아닙니다. 못난 자들을 구원하러 오셨고, 그러한 자들의 못난 자리까지 구원하십니다.

자기를 부인하며 사는 삶

우리는 여기가 어렵습니다. 생각해 보십시오. 신앙생활을 하면서 가장 어려운 점은 무엇입니까? 잘하고 싶고 무엇이 옳은지도 확인하고 싶은데, 그게 되지 않는 현실을 맞닥뜨려야 한다는 것입니다.

우리가 제일 많이 하는 신앙 행위는 회개입니다. 회개하여 자신의 잘못을 지워 버리는 것으로 끝내지 말라고 제가 여러 번 언급했습니다. 그리고 회개한 것으로 자신의 일을 다한 것처럼 굴지 말라고도 당부했습니다. 기도나 믿음 역시 마찬가지입니다. '나는 기도했고 믿음도 있으니까'라는 이유가 지금을 살아

내는 일을 대신할 수 없습니다.

우리는 지금 당장 믿음의 목적지와 기도의 결과를 원합니다. 하지만 그럴 수 없습니다. 세상은 여전히 예수와 그분을 믿는 자들을 비난합니다. 그 옛날 예수를 조롱하고 채찍질하듯이, 우리 역시 우리를 조롱하고 채찍질하는 현실을 접하고 삽니다. 그런데 이런 현실의 의미를 깨닫지 못하고 늘 울부짖는 소리로 '하나님, 제가 무엇을 더 해야 평안을 주시겠습니까?'라고 기도하며 도망가려고만 하지, 그 자리를 견뎌 내려고 하지 않습니다. 우리는 '내가 그니라' 하고 서 계신 예수님과, 우리가 극복할 수 없고 해결할 수 없는 원망스러운 현실에 내가 서 있어야 된다는 것을 대부분 신앙생활에서 외면합니다.

우리는 무엇을 해야 합니까? 예수님이 이 땅에 오셔서, 십자가에 달려 죽을 때 다 도망갈 제자들과 3년 반의 공생애를 보내셔야 했던 것같이, 우리도 하나님이 구원하고자 하시는 인류와 이웃과 함께 지내야 합니다. 예수님이 우리 안에 들어와 사신 것같이, 하나님은 우리보고 그들 속에 들어가 살라고 하십니다. 그들의 못난 것과 몰이해와 무지 속에 들어가되, 그들을 교화하라고 하지 않으십니다. 굴복시키라고 하지 않으십니다.

예수님은 우리에게 '너희만이 빛이다. 너희만이 생명이다. 그들이 너희의 향기를 맡고, 소망을 보게 하라. 유난 떨며 하는 일이 아니다. 내가 아버지와 하나인 것같이, 너희와 내가 하나이다. 내가 너희 안에 있어 그들 앞에서 생명과 진리와 운명에 대하여 너희를 통해 증거하겠다. 그러니 너희에게 편한 것만, 문제를 해결해 주는 것만 하겠다고 피해 다니지 말고 살아 내라'

고 하십니다.

마지막 만찬에서 예수님의 제자들 가운데 세베대의 아들 야고보와 요한이 주께 "주의 영광 중에서 우리를 하나는 주의 우편에, 하나는 좌편에 앉게 하여 주옵소서"라고 아룁니다. 그러자 예수님이 다음과 같이 말씀하십니다.

······ 너희는 너희가 구하는 것을 알지 못하는도다 ······ 너희 중에 누구든지 으뜸이 되고자 하는 자는 모든 사람의 종이 되어야 하리라 인자가 온 것은 섬김을 받으려 함이 아니라 도리어 섬기려 하고 자기 목숨을 많은 사람의 대속물로 주려 함이니라 (막 10:38-45)

예수님은 자신이 메시아인 것을 폭력으로 증명하려 하지 않으셨습니다. 그냥 와서 우리와 함께 계셨습니다. 이런 관점에서 우리가 '제자도'라고 알고 있는 마태복음 16장 말씀을 생각해 봅시다.

이에 예수께서 제자들에게 이르시되 누구든지 나를 따라 오려거든 자기를 부인하고 자기 십자가를 지고 나를 따를 것이니라 (마 16:24)

자기를 부인해야 합니다. '나 예수 믿는 사람이야'라고 떠들 필요가 없습니다. '하나님, 저것들을 꽉 그냥!' 하며 폭력으로 다른 사람들을 쉽게 항복시키려 하는 간단한 인생을 살라고 하지 않으셨습니다.

사람들은 예수님의 옷을 벗겨 홍포를 입히고, 가시관을 엮어 그분의 머리에 씌우고, 갈대를 그분의 오른손에 들리고 그 앞에 무릎을 꿇으며 희롱합니다. '유대인의 왕이여 평안할지어다'라고 하며, 예수께 침을 뱉고 갈대를 빼앗아 그분의 머리를 칩니다. 예수님은 이런 조롱과 폭행 속에서도 침묵하십니다. 분노도, 보복도, 포기도 하지 않으십니다. 그게 신앙생활입니다. 이것이 신비하고 놀랍고 상상할 수 없는, 하나님이 일하시는 방법입니다.

질문하기

1.

예수님은 언제 '내가 메시아가 맞다'라고 인정하십니까?

_____

2.

심문받는 자리에서 예수님이 하신 '나다'라는 답변을 설명해 봅시다.

_____

3.

우리를 조롱하고 채찍질하는 현실에서 우리는 무엇을 해야 합니까?

_____

나누기

분노도, 보복도, 포기도 하지 않아서 하나님의 일하심을 경험했던 적이 있다면 나누어 봅시다.

십자가에
못 박게 하소서

1 이에 빌라도가 예수를 데려다가 채찍질하더라 2 군인들이 가시나무로 관을 엮어 그의 머리에 씌우고 자색 옷을 입히고 3 앞에 가서 이르되 유대인의 왕이여 평안할지어다 하며 손으로 때리더라 4 빌라도가 다시 밖에 나가 말하되 보라 이 사람을 데리고 너희에게 나오나니 이는 내가 그에게서 아무 죄도 찾지 못한 것을 너희로 알게 하려 함이로라 하더라 5 이에 예수께서 가시관을 쓰고 자색 옷을 입고 나오시니 빌라도가 그들에게 말하되 보라 이 사람이로다 하매 6 대제사장들과 아랫사람들이 예수를 보고 소리 질러 이르되 십자가에 못 박으소서 십자가에 못 박으소서 하는지라 빌라도가 이르되 너희가 친히 데려다가 십자가에 못 박으라 나는 그에게서 죄를 찾지 못하였노라 7 유대인들이 대답하되 우리에게 법이 있으니 그 법대로 하면 그가 당연히 죽을 것은 그가 자기를 하나님의 아들이라 함이니이다 8 빌라도가 이 말을 듣고 더욱 두려워하여 9 다시 관정에 들어가서 예수께 말하되 너는 어디로부터냐 하되 예수께서 대답하여 주지 아니하시는지라 10 빌라도가 이르되 내게 말하지 아니하느냐 내가 너를

놓을 권한도 있고 십자가에 못 박을 권한도 있는 줄 알지 못하느냐 **11** 예수께서 대답하시되 위에서 주지 아니하셨더라면 나를 해할 권한이 없었으리니 그러므로 나를 네게 넘겨 준 자의 죄는 더 크다 하시니라 **12** 이러하므로 빌라도가 예수를 놓으려고 힘썼으나 유대인들이 소리 질러 이르되 이 사람을 놓으면 가이사의 충신이 아니니이다 무릇 자기를 왕이라 하는 자는 가이사를 반역하는 것이니이다 **13** 빌라도가 이 말을 듣고 예수를 끌고 나가서 돌을 깐 뜰(히브리 말로 가바다)에 있는 재판석에 앉아 있더라 **14** 이 날은 유월절의 준비일이요 때는 제육시라 빌라도가 유대인들에게 이르되 보라 너희 왕이로다 **15** 그들이 소리 지르되 없이 하소서 없이 하소서 그를 십자가에 못 박게 하소서 빌라도가 이르되 내가 너희 왕을 십자가에 못 박으랴 대제사장들이 대답하되 가이사 외에는 우리에게 왕이 없나이다 하니 **16** 이에 예수를 십자가에 못 박도록 그들에게 넘겨 주니라 (요 19:1-16)

마침내 예수님은 빌라도 법정에서 사형 선고를 받습니다. 빌라
도는 끝까지 예수님의 사형 판결에 책임을 지지 않으려고 합니
다. 이 문제를 유대인들에게 다시 넘기지만, 유대인들의 주장은
한결같이 자기들에게는 사형 집행권이 없다는 것이었습니다.
그래서 결국 빌라도는 예수를 십자가에 못 박도록 내어 줍니다.

   빌라도는 예수께 유대인의 왕이 맞는지를 여러 번 묻습니다.
이에 대한 예수님의 답변을 그는 수긍하지 않으면서도 염려합
니다. 또한 예수님을 채찍질하고, 군인들에게 예수님을 내어 주
어 폭행하도록 내버려 두고, 홍포를 입히고 가시관을 씌우는 등
여러모로 방관하는 면을 보여 줍니다.

진리가 무엇이냐

빌라도의 이런 갈팡질팡하는 행보와 예수님의 반응 사이에서 첨예한 갈등을 일으키는 문제는 '예수님이 왕인지 아닌지'보다는 근본적으로 '진리가 무엇인지'에 대한 것이었습니다. 빌라도의 질문은 한결같습니다. "당신이 유대인의 왕인가?" 예수님은 "그렇다"고 대답하십니다. 이에 빌라도가 "당신은 왕이라면서 어떻게 이렇게 아무 힘도, 배경도, 근거도 없이 그런 말을 하는가?"라고 묻습니다. 예수님은 "내 나라는 이 세상에 속하지 않았다"라고 답합니다. 이때 빌라도가 결정적인 질문을 합니다. "진리가 무엇이냐?" 이것은 질문이라기보다 일종의 조롱입니다.

빌라도는 세상 권력을 대표합니다. 그는 세계를 지배하고 있는 로마 황제의 신하로 사형 집행권을 가지고 있습니다. 예수님은 메시아이시고 하나님의 아들이시며 유대인의 왕이지만, 빌라도가 가지고 있는 권력, 즉 세상이 증명하고 싶어 하는 권력은 가지지 않으셨습니다. 이 갈등과 모순이 아주 극명하게 나타나, 예수님과 빌라도 사이를 대조하여 우리에게 선명한 이해를 제공합니다.

'진리가 무엇이냐?'는 빌라도의 질문은 '진리는 당연히 힘 위에 서 있다'는 것을 전제하고 있습니다. 세상의 진리는 다 권력에 근거합니다. 그리고 세상의 권력은 다 폭력입니다. 예수님이 주장하시는 진리는 사랑 위에 서 있습니다. 이를 가르치는 것이 복음서입니다. 기독교가 말하는 주장과 우리에게 제시하는 구원은 다 사랑을 근거로 합니다. 사랑이 핵심인 권위입니다. 세상에서는 사실 권위와 권력이 잘 구별되지 않습니다.

세상은 언제나 옳은 일을 위해 정의를 구현한다지만, 평화를 위해 행복을 약속하면서도 늘 폭력을 동원할 수밖에 없고, 늘 피 흘려 싸우며, 공포를 자아냅니다. 이것이 인류 역사의 증언입니다. 한편, 예수님은 우리의 갈증, 곧 행복과 정의와 평화를 위하여 자신을 내어 주십니다. 그렇게 함으로써 진리는 사랑 위에 서 있는 것이라는 점을 보여 주십니다. 그 사랑으로 폭력을 이기고 해결한다고 십자가로 증명하십니다.

성경은 진리를 논할 때, 어느 곳에서도 권력과 힘으로 진리를 선언하지 않습니다. 요한일서 4장 18절을 보십시오.

사랑 안에 두려움이 없고 온전한 사랑이 두려움을 내쫓나니 두려움에는 형벌이 있음이라 두려워하는 자는 사랑 안에서 온전히 이루지 못하였느니라 (요일 4:18)

사랑 안에는 공포가 없습니다. 힘이 없어서 폭력을 주장하지 않는 것이 아닙니다.

빌라도는 이 땅에 오신 예수께 "네가 유대인의 왕이냐?"라고 질문합니다. 이에 예수님은 "네 말과 같이 내가 왕이니라 내가 이를 위하여 태어났으며 이를 위하여 세상에 왔나니 곧 진리에 대하여 증언하려 함이로라"라고 대답하십니다. 그래서 빌라도가 "진리가 무엇이냐?"라고 물은 것입니다. 이전에 예수님은 '내가 곧 길이요 진리요 생명이니'(요 14:6)라고 하셨습니다.

예수님의 말씀이 이렇게 세상의 주장과 충돌하고 있는 것을 제대로 볼 수 없다면, 우리에게 이 진리는 권력이었다가 권위였다가를 반복하게 됩니다.

권력과 사랑의 대조

우리가 가지고 싶은 진리는 힘입니다. 그 힘은 예수 안에서 경험할 수 있는 죽음을 이기는 사랑이나 공포를 이기는 사랑이 아니라, 권력을 휘두르고 싶어 나오는 폭력입니다. 세상의 조건 속에서 우리는 권력에 지기 때문에 예수 믿는 사람들도 힘을 과시하기 위해 함께 모이면 폭력성을 띠는 경향이 있습니다.

조심스러운 이야기지만, 우리가 소리 높여 기도할 때나 큰 소리로 찬양하고 눈물을 흘릴 때에도 우리 안에서 권력의 움직임 같은 것을 확인할 수 있습니다. 이러한 신앙 행위를 비난하려고 하는 소리가 아닙니다. 이러한 것들로는 현실에서 아무런 실력도 쌓지 못하게 되기 때문에 하는 소리입니다. 신자인 우리끼리 모여서 찬송도 할 수 있고, 통성 기도도 할 수 있습니다. 그러나 예수님이 빌라도 앞에서 '내 나라는 이 세상에 속한 것이 아니니라 …… 네 말과 같이 내가 왕이니라 내가 이를 위하여 태어났으며 이를 위하여 세상에 왔나니 곧 진리에 대하여 증언하려 함이로라'(요 18:36-37)라고 하시며 죽어 가신 것처럼, 우리도 예수처럼 현실을 살아 내야 합니다.

마치 우리는 패자 같고 틀린 것 같습니다. 우리는 세상이 알아주지 않는 것 때문에 각자의 현실을 신앙생활로 연결하지 못한 채 그저 분하게만 여깁니다. 그런데 분한 것이 지나가면 이제는 체념이 옵니다. 그래서 아무도 신앙생활을 하지 않습니다. 이런 우리의 모습을 비난하자고 꺼낸 말이 아닙니다. 신앙생활을 할 수 있는 그 수많은 기회를 놓치고 한탄과 원망만 하면, 세상 사람들과 똑같이 이런 결론에 이릅니다. '산다는 게 다 그런 거야. 인생이 다 그렇지 뭐'라고 말입니다. 그러나 그리스도인이 이렇게 말하면 큰 죄를 범하는 것입니다.

여기까지 오는 동안 겪은 모든 일이, 진리가 무엇이고 인생이 무엇이며 하늘 나라의 영광이 무엇인지에 대해 깨닫게 하며, '합력하여 선을 이루는' 접근이 있어야 될 것 아닙니까? 다 보여 줄 수 없는 분한 현실을 예수님이 감내하신 것같이, 우리에게 맡겨진 삶을 '볼지어다 내가 세상 끝날까지 너희와 항상 함께 있으리라'(마 28:20)라는 말씀이 담긴 현실로서 감당해야 합니다. 우리는 다른 무엇으로 설명하거나 확인할 수 없는, 보복할 수 없고 보상받을 수 없는 인생을 살아야 합니다.

무익한 종의 삶

주님은 우리에게 매 순간 "너는 빌라도냐, 내 제자냐?"라고 물으십니다. 우리는 얼른 "저는 예수님의 제자입니다"라고 대답하고서는 그분께 우리의 고난을 보상해 달라고, 우리의 원수를 보복해 달라고 요구합니다.

누가복음 17장에 가 보면, 예수님의 이러한 놀라운 가르침이 나옵니다.

> 예수께서 제자들에게 이르시되 실족하게 하는 것이 없을 수
> 는 없으나 그렇게 하게 하는 자에게는 화로다 그가 이 작은 자
> 중의 하나를 실족하게 할진대 차라리 연자맷돌이 그 목에 매
> 여 바다에 던져지는 것이 나으리라 너희는 스스로 조심하라
> 만일 네 형제가 죄를 범하거든 경고하고 회개하거든 용서하라
> (눅 17:1-3)

이 이야기가 마태복음에는 이렇게 기록되어 있습니다. 예수님
이 한 어린아이를 불러 제자들 가운데 세우시고는 이렇게 말씀
하십니다.

> 누구든지 나를 믿는 이 작은 자 중 하나를 실족하게 하면 차라
> 리 연자 맷돌이 그 목에 달려서 깊은 바다에 빠뜨려지는 것이
> 나으니라 (마 18:6)

여기에 왜 어린아이가 등장할까요? 무력하고 권력에서 제외되
어 있기 때문입니다. 예수님이 '내가 너희에게 만들려고 하는
것은 권력에 근거하지 않는다. 그건 권력이 아니다'라고 말씀
하시는 대목입니다. 그러니 '누가 너희에게 잘못을 했을 때, 보
복하지 말아라. 그가 용서를 구하면 얼마든지 용서해 주어라'
가 되는 것입니다. 말 그대로 어떤 윤리를 제시하는 것이 아닙
니다. 하나님이 세우는 나라의 성격과 본질과 목적이 전혀 다른

것입니다.

이에 제자들이 놀라서 예수께 '우리에게 믿음을 더하소서'(눅 17:5)라고 합니다. 왜 그랬을까요? 제자들도 마음에 적개심과 보복 심리가 있었기 때문입니다. 예수께 나온 많은 사람들이 혜택을 입었습니다. 하지만 그런 것들이 제자들에게 권력이 되지 못합니다. 그들은 예수님을 따라다니지만, 사회적, 정치적 보상은 받지 못합니다. 그래서 제자들도 은근히 마음에 '우리는 주님을 믿었고 저 사람들은 믿지 않았는데, 왜 우리가 어렵게 지내야 하나?' 하는 의문을 품었을 것입니다. 제자 야고보와 요한도 사마리아 마을에서 '주여 우리가 불을 명하여 하늘로부터 내려 저들을 멸하라 하기를 원하시나이까'(눅 9:54)라고까지 이야기했으니 말입니다. 예수님은 제자들이 청한 '우리에게 믿음을 더하소서'라는 요구에 이렇게 말씀하십니다.

주께서 이르시되 너희에게 겨자씨 한 알만한 믿음이 있었더라면 이 뽕나무더러 뿌리가 뽑혀 바다에 심기어라 하였을 것이요 그것이 너희에게 순종하였으리라 너희 중 누구에게 밭을 갈거나 양을 치거나 하는 종이 있어 밭에서 돌아오면 그더러 곧 와 앉아서 먹으라 말할 자가 있느냐 도리어 그더러 내 먹을 것을 준비하고 띠를 띠고 내가 먹고 마시는 동안에 수종들고 너는 그 후에 먹고 마시라 하지 않겠느냐 명한 대로 하였다고 종에게 감사하겠느냐 이와 같이 너희도 명령 받은 것을 다 행한 후에 이르기를 우리는 무익한 종이라 우리가 하여야 할 일을 한 것뿐이라 할지니라 (눅 17:6-10)

종이 밭일을 하고 돌아왔는데, '정말 수고했다. 먼저 밥부터 먹어라'라고 할 주인은 없습니다. '야, 수고했다. 내가 배고프니 밥상을 차려라. 그다음에 너도 먹어라'라고 할 것입니다. 당연합니다. 종이 수종 들었다고 감사할 주인은 없습니다. 주인이 '수고했다'고 하면 종은 '무익한 종입니다'라고 대답할 뿐입니다.

왜 이 비유가 여기서 나오는 것입니까? 여기서 '무익한 종'은 무엇입니까? 종이 '내 할 도리를 다했습니다'라며 자기가 맡은 일을 하는 것은 그에게 명예입니다. 종에게는 자기가 맡은 일을 한 것에 대한 보상을 받는 것보다 더 중요한 일이 있습니다. 바로 지금 종으로 사는 자리입니다.

예수님이 제자들에게 '너희는 이제 내가 이룬 구원과 복음을 맡을 자들이다. 문제를 해결하고 새 약속을 성취하는 일은 내가 할 것이다. 하지만 이제 너희는 그 일에 종이 되어 너희의 생애와 너희 후손들 앞에 책임을 져야 한다'에 이르십니다.

무익해 보이고 아무것도 아닌 제자들은 후에 다 순교하고 맙니다. 또한 예루살렘 교회는 핍박으로 박살 납니다. '그 길을 가야 한다'가 여기 들어 있습니다. 주님이 제자들에게 맡긴 것같이 오고 오는 세대가 복음을 맡아 땅끝까지 그 길을 가서 복음이 오늘날 우리 교회에까지 와 있습니다.

질문하기

1.

빌라도와 예수님 사이에서 첨예한 갈등을 일으키는, 보다 근본적인 문제는 무엇이었습니까?

2.

우리가 가지고 싶은 진리는 무엇입니까?

3.

예수님이 어린아이를 세우셔서 제자들을 가르치신 이유는 무엇입니까?

나누기

내가 하는 신앙 행위가 권력을 행사하는 일이 되지 않으려면 어떻게 해야 할지 함께 나누어 봅시다.

예수께서
자기의 십자가를 지시고

17 그들이 예수를 맡으매 예수께서 자기의 십자가를 지시고 해골(히브리 말로 골고다)이라 하는 곳에 나가시니 **18** 그들이 거기서 예수를 십자가에 못 박을새 다른 두 사람도 그와 함께 좌우편에 못 박으니 예수는 가운데 있더라 **19** 빌라도가 패를 써서 십자가 위에 붙이니 나사렛 예수 유대인의 왕이라 기록되었더라 **20** 예수께서 못 박히신 곳이 성에서 가까운고로 많은 유대인이 이 패를 읽는데 히브리와 로마와 헬라 말로 기록되었더라 (요 19:17-20)

이제 예수님은 십자가에 못 박혀 돌아가십니다. 빌라도는 그분의 십자가 위에 히브리어와 라틴어와 그리스어로 '유대인의 왕'이라고 패를 써서 붙입니다. 이때 유대인의 대제사장들이 빌라도를 찾아와서 '자칭 유대인의 왕'이라고 문구를 고쳐 써 달라고 요구하지만, 빌라도는 '내가 쓸 것을 썼다'며 고집을 부립니다.

하나님의 아들이 인간들의 손에 처참한 죽음을 맞는다는 것은 예수를 믿은 후에 보면 자연스럽고 모순이 없는 말로 여겨집니다. 그러나 다시 찬찬히 생각해 보면 말이 안 되는 일입니다. '어떻게 하나님이 인간들의 손에 죽을 수 있단 말인가? 예수님은 왜 죽어야 된다고 말씀하셨는가?' 하는 생각이 듭니다. 이를 성경이 풀어 주는 대로 제대로 풀지 못하고 이 모순에 담긴 비밀을 모른 채 신앙생활을 하면, 신앙이라는 것이 고집스럽고 막무가내인 주문이 되고 맙니다. 성경은 예수께서 죽으셨다는 의미가 무엇인지를 우리에게 질문하는 셈입니다.

아담이 하나님에게 불순종하여 세상에 저주와 죽음이 들어왔습니다. 그러나 예수의 죽으심은, 죽을 수밖에 없는 죄인들이 예수 때문에 복과 생명을 받는 사건, 즉 새로운 세상을 여는 사건입니다. 이처럼 판이 바뀐 것입니다. 하나님이 평안과 영광으로 가득하게 창조하신 이 세상이 아담의 불순종으로 저주와 사망 아래 놓이게 되었는데, 그 현실 속에 예수님이 들어오셔서 다시 하나님의 구원과 은혜와 약속과 영광의 세상으로 바꾸신 것입니다.

믿음과 율법과 은혜로 개입하심

우리는 구약성경에서 하나님의 일하심을 배울 수 있습니다. 먼저 아담의 불순종 이후, 온 인류가 죄를 범하고 모두 심판 아래 있었다는 것이 '노아 홍수'와 '바벨탑' 사건으로 기록되어 있습니다. 그리고 아브라함이 등장합니다. 하나님이 아브라함에게 하신 일은 '믿음'이라는 구원 방법을 사용하신 것입니다. 하나님이 모세에게서는 '율법'을, 다윗에게서는 '은혜'를, 그리고 바벨론 포로 사건에서는 '심판 아래 있는 인류의 현실'을 적나라하게 보여 주십니다.

믿음, 율법, 은혜와 같은 하나님의 일하심은, 심판으로 마무리

되는 이 어쩔 수 없는 인간의 운명 속에서 도대체 어떻게 우리에게 주어질까요? 하나님의 약속들, 곧 하나님의 개입하심과 창조 세계에 대한 하나님의 책임 있는 해법이 어떻게 우리에게 주어지는 것일까요? 예수로부터입니다. 예수가 구원입니다.

예수의 오심과 죽으심은 하나님이 자신을 배반하고 죄를 지어 사망을 자초한 인간의 운명을 방관하지 않으시고, 믿음과 율법과 은혜로 인간의 역사에 개입하시는 사건입니다. 이로써 '하나님은 당신의 창조를 기어코 완성하신다. 승리하게 하신다. 하나님의 영광이 승리하는 정도가 아니라 피조물인 인간을 영광의 자리로 이끄신다'는 것을 보이십니다.

사망을 깨트려 사망을 멸하심

예수의 오심과 죽으심은, 심판밖에 남은 것이 없는 운명에 처한 인류에게 이전의 약속들 곧 믿음과 율법과 은혜가 구원이 될 수 있는가에 대한 답입니다. 대표적인 답이 히브리서 2장 14절 이하에 나옵니다.

> 자녀들은 혈과 육에 속하였으매 그도 또한 같은 모양으로 혈과 육을 함께 지니심은 죽음을 통하여 죽음의 세력을 잡은 자 곧 마귀를 멸하시며 또 죽기를 무서워하므로 한평생 매여 종노릇 하는 모든 자들을 놓아 주려 하심이니 이는 확실히 천사들을 붙들어 주려 하심이 아니요 오직 아브라함의 자손을 붙

들어 주려 하심이라 (히 2:14-16)

하나님이 우리를 구원하기 위하여 우리의 자리, 우리의 운명에 그 아들을 보내셨습니다. 사망이 붙들어 놓을 수 없는 분이신 예수님이 우리를 구원하기 위하여 우리의 운명인 사망 속으로 들어오셨습니다. 그리고 어떻게 우리를 구원하셨습니까? 사망을 깨트려 이기신 것입니다. 예수님으로 인해 사망이 우리의 운명이 되지 않고, 우리가 아는 세상에서의 사망이 오히려 부활로 가는 문이 되었습니다.

예수님의 오심은 하나님이 자신의 뜻을 이루기 위해 초월적 개입으로, 다시 말해 단번의 사건으로 쉽게 결과를 만드신 사건이 아닙니다. 하나님은 긴 시간, 곧 긴 역사를 통해 인간의 정체를, 도전을, 시행착오를, 그 실상을 인간들에게 보이십니다. 하나님이 우리를 구원하시겠다는 약속과 개입이 아브라함, 모세, 다윗의 시대를 통해 역사 속에서 씨름하다가 드디어 예수 안에 성취됩니다. 이렇게 사망을 깨 버리는 것입니다.

> 죄의 삯은 사망이요 하나님의 은사는 그리스도 예수 우리 주
> 안에 있는 영생이니라 (롬 6:23)

'죄의 삯이 사망'이라는 것은 인간이 하나님의 창조와 복된 지위를 불순종으로 팔아 버린 죄로 인해 저주와 사망이 세계의 운명이 되었음을 말합니다.

이는 죄가 사망 안에서 왕 노릇 한 것 같이 은혜도 또한 의로 말미암아 왕 노릇 하여 우리 주 예수 그리스도로 말미암아 영생에 이르게 하려 함이라 (롬 5:21)

그런데 예수님 때문에 세상이 바뀝니다. '예수를 믿는다'는 말은 사망이 운명인 자리에서 영생이 운명인 자리로 와 있다는 의미입니다. 앞서 말한대로 세상의 판이 바뀐 것입니다. 그리고 예수님은 이를 위하여 사망을 깨는 일을 하셨습니다. 사망이 없어지거나 사망이 끝난 것이 아닙니다. 사망이 지나가는 것입니다.

사망아 너의 승리가 어디 있느냐 사망아 네가 쏘는 것이 어디 있느냐 (고전 15:55)

사망의 힘은 죄입니다. 그런데 예수님은 죄를 없애 버리십니다. '죄를 없애 버린다'는 것은 무엇입니까? 죄란 율법에 의해서 정의됩니다. 그런데 이제는 율법의 세상이 아니라 은혜의 세상이 되었습니다. 은혜의 세상은 잘했느냐 못했느냐를 따지지 않습니다. 더 이상, 잘하면 복을 받고 못하면 벌을 받는 세상이 아닙니다. 예수 안에서 은혜가 왕 노릇 하여 생명이 더 풍성해지는 곳으로 갑니다. 이 모든 것이 예수님의 죽음으로 이루어졌습니다.

은혜가 왕 노릇 하는 세상

이렇게 이야기하면 우리 마음속에 '그렇다면 아무렇게나 살아도 되는가?' 하는 도덕적 회의가 금방 치고 올라옵니다. 그 세상이 깨졌다는 것입니다. 학교를 생각해 보십시오. 학교에서는 공부를 안 하는 것이 잘못하는 것입니다. 그러나 공부를 안 하는 것이 죽을 짓은 아닙니다. 못난 짓입니다. 학교에서는 60점 이하인 학생을 사형시키는 것이 아니라 유급시킵니다. 교무실에 잡혀가서 손을 들고 벌을 설 수는 있지만, 죽지는 않습니다.

우리가 자식을 기를 때도 마찬가지입니다. 못난 자식은 있어도 죽여 버려야 할 자식은 없습니다. 이렇게 세상이 바뀌었습니다. 죽음이 끝인 자리에 예수님이 함께 들어와 그 막다른 운명을 깨고 그다음 영생으로 가는 문을 만드신 것입니다. 누구를 위하여 만드셨습니까?

이는 확실히 천사들을 붙들어 주려 하심이 아니요 오직 아브라함의 자손을 붙들어 주려 하심이라 (히 2:16)

이는 아브라함의 자손을 붙들어 주기 위함입니다. 앞서 하나님이 아브라함에게 이렇게 약속하셨기 때문입니다.

내가 너로 큰 민족을 이루고 네게 복을 주어 네 이름을 창대하게 하리니 너는 복이 될지라 너를 축복하는 자에게는 내가 복을 내리고 너를 저주하는 자에게는 내가 저주하리니 땅의 모든

족속이 너로 말미암아 복을 얻을 것이라 하신지라 (창 12:2-3)

여기서부터 세상은 우리와 다른 약속 가운데 있음을 알 수 있습니다. 아브라함의 혈통이나 족속으로 태어나야 하는 것이 아닙니다. 아브라함에게 하신 약속은 우리의 잘잘못으로 결과가 달라지지 않습니다. 로마서 4장에 나온 바와 같이, 아브라함이 믿은 하나님은 '죽은 자를 살리시며 없는 것을 있는 것으로 부르시는' 분이십니다. 하나님은 없었던 것을 만들고 잘못한 것에다가 승리와 영광을 심으시려고 그 아들을 보내 죄와 사망을 없애셨습니다. 은혜가 왕 노릇 하는 세상을 만드셨습니다. 이제 우리보고 힘껏 자라라고 하십니다.

우리가 어떠한 운명과 지위와 기회를 지녔는지 알아야 신앙생활을 할 것 아닙니까? 매번 반복되지만 결코 만만치 않은 하루하루의 삶 속에서 세상 사람들처럼 '매일이 그냥 그렇지 뭐'라는 체념에서 벗어나서, 우리는 어제보다 나아져야 합니다. 누구와 대화를 마치고 돌아왔다면, 그다음에 만날 때는 더 나은 말을 해 줄 수 있어야 합니다. '야, 너 오랜만에 봤는데 몰골이 그게 뭐냐?'라는 말은 하는 게 아닙니다. '반갑다. 잘 지냈니? 나도 잘 지내. 너 학창 시절에 꽤 심술을 떨어서 나랑 많이 싸웠는데, 지금 생각해 보니 참 고맙더라'고 좋은 말을 하십시오. 그게 얼마나 큰 실력을 요구하는지 알아야 합니다. 우리 모두가 '안녕하세요', '반갑습니다'를 못해서 그다음 대화를 할 수 없었습니다. 인사를 못하고 지나가면 다음에는 다시 쳐다볼 수가 없습니다. 어쩌다 눈이라도 마주치면 놀랍니다.

세상에서는 누군가와 눈을 마주치는 것이 무섭습니다. 사망이 임금이라서 그렇습니다. 오늘이라는 자리에 우리의 책임과 기회와 명예가 있다는 것을 알아야 합니다. 예수의 죽으심이 우리를 어디까지 붙잡고 계신가를 아는 놀라운 위로와 격려와 승리가 있기를 바랍니다.

질문하기

1.

심판으로 마무리되는 어쩔 수 없는 인간의 운명 속에 주어지는 하나님의 책임 있는 해법은 무엇입니까?

_____

2.

'예수를 믿는다'는 말은 어떤 의미를 지니고 있습니까?

_____

3.

은혜가 왕 노릇 하는 세상을 만드신 하나님이 우리에게 요구하시는 것은 무엇입니까?

_____

나누기

다른 교우들에게 들었던 말 중에 가장 힘이 되는 말은 무엇이었는지 함께 나누어 봅시다.

네가 나를
사랑하느냐

15 그들이 조반 먹은 후에 예수께서 시몬 베드로에게 이르시되 요한의 아들 시몬아 네가 이 사람들보다 나를 더 사랑하느냐 하시니 이르되 주님 그러하나이다 내가 주님을 사랑하는 줄 주님께서 아시나이다 이르시되 내 어린 양을 먹이라 하시고 **16** 또 두 번째 이르시되 요한의 아들 시몬아 네가 나를 사랑하느냐 하시니 이르되 주님 그러하나이다 내가 주님을 사랑하는 줄 주님께서 아시나이다 이르시되 내 양을 치라 하시고 **17** 세 번째 이르시되 요한의 아들 시몬아 네가 나를 사랑하느냐 하시니 주께서 세 번째 네가 나를 사랑하느냐 하시므로 베드로가 근심하여 이르되 주님 모든 것을 아시오매 내가 주님을 사랑하는 줄을 주님께서 아시나이다 예수께서 이르시되 내 양을 먹이라 **18** 내가 진실로 진실로 네게 이르노니 네가 젊어서는 스스로 띠 띠고 원하는 곳으로 다녔거니와 늙어서는 네 팔을 벌리리니 남이 네게 띠 띠우고 원하지 아니하는 곳으로 데려가리라

(요 21:15-18)

본문은 부활하신 예수님이 베드로에게 그의 진심을 세 번이나 묻는 유명한 장면입니다. 예수님은 베드로에게 '네가 이 사람들보다 나를 더 사랑하느냐' 혹은 '네가 나를 사랑하느냐'라고 반복하여 물으십니다.

베드로의 실패

이 대화는 명백하게 베드로의 실패를 부각하고 있습니다. 베드로의 회복과 장차 감당할 위대한 사명을 위한 새로운 전기를 마련해 주는 대화가 아닙니다. 왜냐하면 예수님이 베드로에게 이 모든 질문을 하신 후에 다음과 같이 말씀하셨기 때문입니다.

…… 네가 젊어서는 스스로 띠 띠고 원하는 곳으로 다녔거니
와 늙어서는 네 팔을 벌리리니 남이 네게 띠 띠우고 원하지 아
니하는 곳으로 데려가리라 (요 21:18)

이는 '네가 젊었을 때는 네 마음대로 살았지만 이후에는 하나님
뜻에 붙잡혀 다른 사람들에 의해 십자가에서 죽는 인생을 살 것
이다'라고 말씀하신 것입니다. 그러므로 우리가 쉽게 생각하는
것처럼, 이 본문을 베드로는 실패했지만 부활하신 예수님이 새
로운 기회와 능력을 주셔서 위대한 사도로 삼았다는 내용으로
보기에는 무리가 있습니다.

이 대화는 '사랑'이라는 단어보다 '진심'이라는 단어를 쓰면
뜻이 더 분명해집니다. 이 대화에서 '사랑'을 '진심'으로 바꿔 예
수님의 질문과 베드로의 대답을 각색해 보면 다음과 같습니다.

식후에 예수님이 베드로에게 묻습니다. "네가 그때 '다른 사
람들은 다 주를 버릴지라도 나는 주를 지키겠나이다'라고 한 것
은 진심이었느냐?" "네, 그렇습니다." "그럼, 지금도 그 진심이
있느냐?" "네, 그렇습니다." "뻔뻔스럽구나. 그럼, 네가 말하는
그 진심을 끝까지 지킬 수 있단 말이냐?" "네, 그렇습니다."

이해를 돕기 위해 여기서 '뻔뻔스럽다'라는 단어를 사용했지
만, 따지고 보면 베드로는 뻔뻔스러운 것이 아니라 그저 '변명
할 여지가 없습니다'라고 솔직히 인정하고 있는 것입니다. '저는
진심이었습니다만, 실력이 모자랐습니다'가 베드로가 한 세 번
의 대답에 깔려 있는 것입니다.

앞서 말했듯이, 예수님이 하신 질문과 베드로가 한 대답의 결

론은 이 말씀으로 정리됩니다. '너는 나중에 네가 원하지 않는 자리, 네가 원하지 않는 방법, 네가 원하지 않는 결과를 맞게 될 것이다. 다른 사람이 너를 띠 띠우고 네 손발을 묶어 죽음의 자리로 데리고 갈 것이다.'

신자인 우리는 베드로가 결국 순교의 자리에 간다는 것을 위대하고 놀라운 결론이라고 생각할 것입니다. 하지만 이 대화가 무엇을 확인시켜 결론으로 끌고 가는지 보십시오. '너는 실패했다. 너는 실력이 없었다. 이 점을 평생 잊지 마라'와 묶어서 결론으로 가고 있습니다.

'너는 한 번 실패했지만, 이제는 그러지 마라'가 아닙니다. '네 실력으로는 갈 수 없는 곳에 간다는 것을 기억해서 네 모든 실력으로 이 일을 하려고 들지 말고, 실력 없는 것에 내가 영광을 담는다는 것을 알아야 한다'가 되는 것입니다.

이 두 말씀의 의미가 얼마나 다른지 아시겠습니까? 우리가 기대하는 '너는 실패했지만, 내가 너한테 위대한 일을 맡기겠다. 그러니 다시는 실패하지 마라'가 아닙니다. 주님은 베드로에게 '내가 너에게 맡길 일은 네 실력과 네 기대와는 다른 것이 될 것이다. 네가 만드는 것이 아니고 내가 만드는 것이기에, 네 부족함이나 자책 같은 것이 방해가 되지 않는다는 것을 알아야 한다'라고 말씀하신 셈입니다.

'진심'이라는 것

우리가 바라는, 티끌 하나 없는 무흠한 마음은 그냥 순백이 되는 것에 불과합니다. 이는 아무 때도 묻지 않은 백지가 되는 것이지, 무슨 작품이 되는 것도 아니고, 경험이 누적되어 지혜나 분별이 생기는 것도 아닙니다. 우리에게 필요한 것은 이러한 '진심'이 아니라 우리 힘으로는 갈 수 없는 길에 우리가 서 있음을 아는 것입니다.

우리는 이미 율법에서 다 걸립니다. 여기서 말하는 율법이란, 거짓말해서는 안 되는 것이고, 의리는 지켜야 되는 것이고, 믿음은 지켜야 되는 것이며, 순전한 열심을 가져야 된다는 규율 같은 것을 말합니다. 하지만 모든 일에 진심을 만드는 것은 우리의 일이 아닙니다. 하나님은 걸려 넘어질 수밖에 없는 곳에다가 그분의 위대한 뜻과 권능과 과정과 내용을 담으셨습니다. 성경은 '이 보배를 질그릇에 가졌으니'(고후 4:7)라고 합니다. 하나님은 질그릇 같은 몸에 보배를 담으셨습니다.

우리는 여기를 혼동하고 있습니다. 베드로가 아주 좋은 예입니다. '네 실패를 잊지 마라. 그러니 다음에는 잘해라'가 아닙니다. '네 실패가 일을 한다. 도덕적으로, 율법적으로 완벽한 일을 하라는 것이 아니다. 네 한계와 부족, 자책에 내가 보배를 감추어서 내 일을 할 것이다. 그러므로 너는 걱정 말고 네 인생을 살아라'라고 이르신 것입니다.

우리는 한 사람의 신자로서 '내가 위대하기는 글렀다'는 조건과 '세상에서 나는 아무것도 아니다. 예수를 믿는데 보상도 받지 못할 뿐 아니라, 마치 있으나 마나 한 실패자의 길로 인도되는 것 같다'는 현실 속에 있습니다. 베드로가 원하는 길과 같은 보상은 우리에게도 역시 없습니다. 세상 사람들이 사는 것처럼 늘 아무것도 아닌 것 같은 자리로 갈 것입니다. 그런 가운데 이제 예수님은 승천하시고, 베드로는 교회에 남겨진 모든 사역의 대표자가 되는 것입니다.

교회의 자리를 지키는 승리

교회가 부흥해야 하고, 승리해야 할 필요는 없습니다. 교회가 승리해야 한다고 말하는 이유는 우리가 권력을 가져야 하고, 보상을 받아야 하며, 권세를 누려야 한다고 생각하기 때문입니다. 그래서 승리나 부흥 같은 소리를 하는 것입니다.

예수님은 승천하시면서 모든 것을 교회에 일임하셨습니다. 주님이 이루신 일, 곧 모든 인류를 구원하는 역사의 완성을 교회에 맡기셨습니다. 그런데 교회 역사를 보면, 교회는 괜찮았던 때가 거의 없습니다. 교회는 늘 잘못된 길을 갔습니다. 물론 교회가 잘못 간 것은 고쳐야 합니다. 그래서 고쳐 보지만 늘 잘 고치는 것은 아닙니다. 이렇게 잘못 고친 것으로도 하나님이 일하신다는 것이 2천 년 교회 역사입니다.

교회는 십자가를 교회의 대표 상징과 정체성으로 내겁니다. 그런데 이미 우리는 십자가가 부활이라는 결론을 알기 때문에, 십자가는 우리에게 승리의 상징입니다. 우리는 승리의 상징으로 십자가를 내겁니다. 그러나 순서상 십자가는 승리와 권력 이전에 서는 자리입니다.

예수님이 십자가를 지시던 당시에는 십자가가 수치요, 치욕이요, 거짓이요, 배반의 상징이었습니다. 기대를 배반하는 것, 그것이 십자가입니다.

베드로나 신자인 우리는 이 십자가의 죽음을 안고 살아야 합니다. 예수님이 처음으로 부활의 문을 열어야 했을 때에는 십자가가 실패요, 절망이었습니다. 하지만 예수님이 부활하신 후에는 그렇지 않습니다. 그런데 예수께서는 우리에게 마치 승리가 없는 것 같은 이 길을 가라고 하실 뿐 아니라 거기서 죽으라고 하십니다.

십자가의 결론을 알고 있는 우리가 십자가를 앞세우면 이때의 십자가는 폭력이 될 수 있습니다. 우리는 '승리해야 한다', '교회가 세상을 이겨야 한다'라고 그동안 배웠습니다. 맞는 말입니다. 그러나 이 말을 할 때, 우리가 세상에 지고, 죽임을 당하는 것으로 하나님이 일하신다는 것을 믿습니까? 교회의 그 승리가, 세상이 말하는 힘의 논리에 휩쓸리지 않고 교회의 자리를 지키는 것으로서의 승리라고 말할 수 있습니까? 그 말은 못합니다. 우리가 승리를 말할 때는 이미 '십자가가 부활의 승리'라는 결론을 가지고 권력으로 갖다 쓴 것에 불과하기 때문입니다.

감격을 넘어서

그렇기 때문에 우리는 스스로의 신앙을 점검할 때마다 체념하는 것입니다. 신앙생활을 하면서 어려워지고 마음이 불안할 때, 우리가 할 수 있는 신앙 점검은 무엇일까요? 예수님이 베드로에게 약속하신 것을 보면 알 수 있습니다. 그러나 우리는 '예수님이 승천하시면서 교회에 무엇을 남기셨고, 어떻게 하라고 하셨는가?'에 집중하지 않습니다. 그저 우리가 가진 믿음의 순도를 점검하고, 그다음으로 교회의 순도를 점검합니다. '아직도 진심이 있는가? 열정이 있는가?'를 물어봅니다. 점검한 후에 '우리 교회는 기도가 죽었어', '우리 교회는 사랑이 죽었어'라는 말은 하는 게 아닙니다.

교회는 부흥 시대를 지나왔습니다. 부흥 시대에는 감격을 가르쳤습니다. 하지만 부흥 시대를 보냈다고 감격으로 끝을 내면 안 됩니다. 감격 너머를 살아야 합니다. 우리도 살면서 감격한 적이 여러 번 있었습니다. 좋은 학교에 합격한 감격, 자녀를 낳은 감격 등 뭐든지 있습니다. 그러나 감격으로 끝인 경우가 있던가요? 그 감격이 다 짐이 되고, 책임이 되었습니다. 감격은 끝이 아닙니다. 그 안에서 우리는 더 커야 합니다.

예수께서 자신의 생애를 기꺼이 십자가 앞에 내놓은 것같이, 하나님의 영광과 뜻을 이룬다는 기쁨, 다시 말해 세상에서 표현할 수 없고 그려 낼 수 없는 이 길을 가는 것에 대한 기쁨이 없으면 안 됩니다. '사람은 하나님에게 사랑받는 존재다. 사람은 믿음과 사랑을 나누고 하나가 되어야 한다. 사람은 하나님의 뜻을 이루기 위해 슬픔과 괴로움 가운데 서로 협력해야 할 운명을 가진 존재다'라는, 하나님의 부르심에 대한 기쁨이 있어야 합니다.

하나님에게는 많은 사람이 필요한 것이 아닙니다. 하나님은 더 많은 여론과 공감이 있어야 한다고 말씀하지 않으십니다. 그러므로 우리는 그런 조건에 떠밀려 가지 말고, 각자의 인생을 사는 유일한 존재로서, 하나님의 일하심을 이해하고 그 일하시는 방법에 순종하는 기쁨과 영광을 아는 자답게 살아야 합니다.

질문하기

1.

베드로가 한 세 번의 대답에 깔려 있는 함의는 무엇입니까?

_____

2.

베드로의 예를 통해 우리에게 주시는 주님의 교훈은 무엇입니까?

_____

3.

십자가를 보이시며 예수께서 우리에게 하시는 말씀은 무엇입니까?

_____

나누기

예수께서 그분의 생애를 기꺼이 십자가 앞에 내놓은 것같이, 세상에서 표현할 수 없고 그려 낼 수 없는 이 길을 가는 것에 대한 기쁨을 느낀 경험이 있다면 나누어 봅시다.

그의 증언이
참된 줄 아노라

24 이 일들을 증언하고 이 일들을 기록한 제자가 이 사람이라 우리는 그의 증언이 참된 줄 아노라 **25** 예수께서 행하신 일이 이 외에도 많으니 만일 낱낱이 기록된다면 이 세상이라도 이 기록된 책을 두기에 부족할 줄 아노라 (요 21:24-25)

11

요한복음의 결론은 우리의 기대와 좀 다릅니다. 요한복음을 시작하면서 말씀 드렸듯이, 요한복음 1장은 놀랍고 경이롭고 찬란한 하나님의 권능과 그분의 주인 되심, 그리고 우리를 향한 섭리와 부르심으로 시작합니다.

태초에 말씀이 계시니라 이 말씀이 하나님과 함께 계셨으니 이 말씀은 곧 하나님이시니라 그가 태초에 하나님과 함께 계셨고 만물이 그로 말미암아 지은 바 되었으니 지은 것이 하나도 그가 없이는 된 것이 없느니라 그 안에 생명이 있었으니 이 생명은 사람들의 빛이라 …… 말씀이 육신이 되어 우리 가운데 거하시매 우리가 그의 영광을 보니 아버지의 독생자의 영광이요 은혜와 진리가 충만하더라 (요 1:1-4, 14)

이렇게 시작하고서는 요한복음 내내 예수님이 행하신 일들을 기록하고, 주님이 십자가를 지시고 죽으시고 부활하시고 승천하신 내용을 담습니다.

우리는 요한복음을 볼 때마다 예수님이 얼마나 큰 권능을 가지셨는지에 주의를 집중하고, 더 많은 기적과 놀라운 증거가 담겨 있었으면 하고 바랍니다. 그런데 본문에서는 "예수께서 행하신 일이 이 외에도 많으니 만일 낱낱이 기록된다면 이 세상이라도 이 기록된 책을 두기에 부족할 줄 아노라"(요 21:25)라고 했습니다. 이 복음서의 기록으로 '충분하다'고 이야기한 셈입니다. 여기에 기록된 일들이 특별하고 대표적이라는 뜻으로 이해할 수 있습니다. 더 나아가자면 '진정으로 감탄할 만한 결론은 기적이 아니라 다른 데 있다'고 이야기한 것입니다.

우리에게 승계되는 예수의 일

그렇다면 그 다른 것은 무엇일까요? 무엇이 사도 요한으로 하여금 요한복음 시작부터 그분의 웅장함과 권세와 영광에 대한 증거들을 기록하게 한 것일까요? 무엇이 주님이 행하신 수많은 기적, 곧 가나 혼인 잔치에서 물로 포도주를 만드신 것, 중풍병자를 고치신 것, 눈먼 자를 고치신 것, 죽은 나사로를 살리신 것, 폭풍이 이는 바다를 잠잠하게 하신 것 등등보다 더 큰 의미가 있다는 것일까요?

요한복음은 예수님이 오신 사건의 결과와 목적이, 결국 우리도 예수님과 같은 일을 하게 하는 것임을 반복하여 소개합니다. 다음과 같은 말씀들이 대표적입니다.

> 내가 진실로 진실로 너희에게 이르노니 나를 믿는 자는 내가 하는 일을 그도 할 것이요 또한 그보다 큰 일도 하리니……(요 14:12)

> 너희가 누구의 죄든지 사하면 사하여질 것이요 누구의 죄든지 그대로 두면 그대로 있으리라 하시니라 (요 20:23)

또한, 마태복음에서는 예수님이 베드로에게 교회를 약속하시고 '내가 천국 열쇠를 네게 주리니 네가 땅에서 무엇이든지 매면 하늘에서도 매일 것이요 네가 땅에서 무엇이든지 풀면 하늘에서도 풀리리라'(마 16:19)라고 말씀하셨습니다. 이처럼 예수님이 하신 일이 우리에게 승계되는 놀라운 약속을 복음서에서 확인할 수 있습니다. 이 부분이 예수를 믿는 우리에게 그 신분과 지위와 운명과 영광을 이해하는 데 필수적인 지점이라고 생각됩니다.

하나님의 영광, 연합, 기쁨

요한복음 17장에서는 예수님이 죽음을 앞두고 우리를 위하여 하나님 아버지께 대제사장적 기도를 하시는 장면이 나옵니다. 이 기도의 핵심은 '우리가 하나가 된 것 같이 그들도 하나가 되게 하려 함이니이다'입니다. 다시 한번 읽어 봅시다.

> 아버지께서 나를 세상에 보내신 것 같이 나도 그들을 세상에
> 보내었고 또 그들을 위하여 내가 나를 거룩하게 하오니 이는
> 그들도 진리로 거룩함을 얻게 하려 함이니이다 내가 비옵는 것
> 은 이 사람들만 위함이 아니요 또 그들의 말로 말미암아 나를
> 믿는 사람들도 위함이니 아버지여, 아버지께서 내 안에, 내가
> 아버지 안에 있는 것 같이 그들도 다 하나가 되어 우리 안에 있
> 게 하사 세상으로 아버지께서 나를 보내신 것을 믿게 하옵소서
> 내게 주신 영광을 내가 그들에게 주었사오니 이는 우리가 하나
> 가 된 것 같이 그들도 하나가 되게 하려 함이니이다 곧 내가 그
> 들 안에 있고 아버지께서 내 안에 계시어 그들로 온전함을 이
> 루어 하나가 되게 하려 함은 아버지께서 나를 보내신 것과 또
> 나를 사랑하심 같이 그들도 사랑하신 것을 세상으로 알게 하려
> 함이로소이다 아버지여 내게 주신 자도 나 있는 곳에 나와 함
> 께 있어 아버지께서 창세 전부터 나를 사랑하시므로 내게 주신
> 나의 영광을 그들로 보게 하시기를 원하옵나이다 (요 17:18-24)

예수님이 이 땅에 오셔서 해야 할 일 곧 속죄 사역만 강조하다
보면 그분이 오신 의미가 덜 강조되는 경우가 많습니다. 그런데
예수님의 오심은 일단 오신 것 자체로 다 이루신 것입니다. 주
께서 오셔서 하실 일은 실패할 리가 없기 때문에, 그분이 탄생
할 때 하늘에서 천군 천사가 '지극히 높은 곳에서는 하나님께
영광이요 땅에서는 하나님이 기뻐하신 사람들 중에 평화로다'

(눅 2:14)라는 찬송을 할 수 있었습니다. 성경은 이렇게 예수님의 오심을 '하나님이 우리와 함께 계시다'(마 1:23)라는 뜻으로 이해했습니다.

그러므로 예수께서 우리와 함께하심으로, 인류 역사는 하나님을 배반한 자리에서 그분과 묶인 세상으로 바뀝니다. 모든 인류의 역사는 하나님의 호의와 긍휼, 자비, 구원, 회복, 영광으로 가게 되어 있습니다.

역사의 끝은 심판과 종말입니다. 심판은 잘못한 것을 벌주는 것보다 죄와 사망을 멸하는 것이 본질입니다. 성경은 예수님을 생명이라고 소개합니다. 생명이란 죽음과 대조되는 정도의 의미가 아닙니다. 존재가 부요하고 풍성하고 충만하고 아름답게 커 가는 것입니다. 다시 말해 '끝이 없는 충만'입니다. 반면에 사망이란 살다가 죽는 것이 아닙니다. 모든 삶이 헛되고 헛되며, 거짓이 끊이지 않을 뿐 아니라 결과가 없는 것이 사망입니다.

이렇게 생명과 사망이 대조되는 가운데 예수님은 아버지께서 기뻐하시는 일을 위해, 곧 우리를 당신의 자녀로 부르시고 사랑하시며 회복하시기 위해 오셨습니다. 이것이 예수께는 영광이요, 기쁨이 되는 일입니다. 이 모든 것을 믿고 고백하는 성도에게 새로운 지위와 신분이 주어진다고 성경은 이야기하고 있습니다.

다른 존재가 된 우리

그러므로 생각해 봅시다. 예수님이 가나 혼인 잔치에서 기쁨을 만들어 내셨듯이, 음행 중에 잡힌 여자에게 '나도 너를 정죄하지 아니하노니 가서 다시는 죄를 범하지 말라'(요 8:11)라는 용서로 회복의 기회를 주셨듯이, 날 때부터 맹인인 사람의 눈을 뜨게 하셔서 세상과 사물을 볼 수 있게 하셨듯이, 우리도 다른 존재가 되는 것입니다.

우리의 존재가 다른 존재가 된다는 것은 무슨 뜻일까요? "말씀이 육신이 되어 우리 가운데 거하시매 우리가 그의 영광을 보니 아버지의 독생자의 영광이요 은혜와 진리가 충만하더라"(요 1:14)라는 말씀에서 알 수 있습니다. 은혜와 진리가 충만하다는 말은 우리가 알고 있는 모든 개념들이 바뀐다는 것입니다.

우선 행복에 대한 개념이 바뀝니다. 그리고 승리, 성공에 대한 개념이 바뀌고, 의롭다거나 자랑하는 것들이 다 바뀝니다. 예수님의 자랑은 자신을 내주시는 것이었습니다. 이 세상은 아랫사람이 윗사람을 섬기지만, 주의 나라는 윗사람이 아랫사람을 섬깁니다. 하나님 나라는 사랑받는 것이 복이 아니라 사랑하고 섬기는 것이 복입니다. 그곳은 은혜와 진리가 충만합니다.

우리는 놀라운 기적들이 인생에서 계속 일어나기를 바랍니다. 병이 낫고, 자식들이 잘되고, 사람들 앞에서 큰소리칠 수 있고, 누구를 만나든지 괄시를 받지 않고, 자신의 자존심을 지키고, 걱정할 일이 없는 인생을 살고, 사람들에게 존경받는 것을 원합니다. 그러나 이것들은 다 성육신 속에 들어갈 수 없습니다.

주님은 이 세상에 기꺼이 고난을 받으러 오셨습니다. 이러한 하나님의 뜻을 이루려고 오신 예수님은 그 많은 권능을 행하셨음에도 불구하고 수많은 기적들에 큰 의미를 부여하지 않으셨으며, 자신의 사명을 그러한 힘과 능력으로 해결하지 않으셨습니다. 요한복음의 저자는 이 점을 분명하게 나타냅니다.

세상이 왜 우리를 알아보지 못할까요? 우리는 세상이 욕심내는 것을 우리의 보배로, 우리의 내용으로, 우리의 무기로 삼지 않기 때문입니다. 우리가 가진 자랑들은 세상이 못 알아봅니다. 세상은 한 번 죽고 말 인생을 사는 것이고, 우리는 영생을 사는 것입니다. 그들은 어차피 죽을 인생을 사는 것이고, 우리는 결국 이길 승리의 인생을 사는 것입니다. 그렇게 소중한 하루하루를 삽니다. 오늘 하루라는 삶의 현장, 실제 상황에서 우리가 소원하고 믿는 바가 피력될 수 없다면, 그것은 내 것이 아니며, 헛된 것입니다.

지금 해 보라

'죽어서 천국 가면 받을 보상'으로 풀 문제가 아닙니다. 지금 해 보라는 것입니다. 우리는 이 인생으로 부름받았습니다. 그러므로 예수님이 행하신, 성경에 기록되지 않은 수많은 기적을 우리 인생에서 왜 한 번도 보여 주시지 않느냐고 원망하며 산다면, 아주 잘못하고 있는 것입니다. 우리는 이미 기적 속에 살고 있습니다.

말하자면, 우리 자신이 임마누엘입니다. 이 세상에서는 우리가 생명이 되었고, 우리가 하나님의 영광 안에 있으며, 그 영광은 은혜와 진리와 호흡하는 것입니다. 이것이 우리의 존재입니다. 하나님이 소돔을 멸하려 하실 때, 의인 '십 명으로 말미암아 멸하지 아니하리라'(창 18:32)라고 말씀하신 것같이, 우리는 이 시대와 사회와 이웃과 역사 앞에 하나님이 일하시는 실제적 증거요, 권능이요, 기적이요, 소망입니다. 그 인생을 이해하는 신앙인으로 매일 승리하기를 바랍니다.

질문하기

1.

요한복음 21장 25절은 무엇을 말하고 있습니까?

2.

예수께서 우리와 함께하심으로 인류 역사는 어디에서 어디로 바
뀐다고 합니까?

3.

우리의 존재가 다른 존재가 된다는 것은 무슨 뜻입니까?

나누기

이미 기적 속에 살고 있으며, 임마누엘이 된 우리가 지금 해 볼
수 있는 일은 어떤 것인지 나누어 봅시다.

질문과 답

01 · 내가 너희에게 행한 것같이

1. 하나님 나라의 특징은 무엇입니까?

'섬김'입니다. (10쪽)

2. 섬김의 요구에 대해 우리 마음속 깊은 곳에 저항이 생기는 이유는 무엇입니까?

주를 믿으면 놀라운 보상이 있으리라는 우리의 소망과 너무 거리가 멀기 때문입니다. (11쪽)

3. 예수님은 우리가 겪는 어려운 일을 해소해 주지 않으시고 어떻게 일하십니까?

공감하시고 체휼하시고 우리가 삶에서 겪는 억울함을 함께 겪으십니다. (14쪽)

02 · 내가 곧 길이요 진리요 생명이니

1. 예수님이 먼저 여신 길은 무엇입니까?

어떤 방법론이나 규칙이 아니라, 예수님 자신입니다. (21쪽)

2. 예수님이 '내가 곧 길이요 진리요 생명이니'라고 말씀하신 이유는 무엇입니까?

하나님이 당신의 인격과 주권 속에 이러한 가치들이 종속되어 있다는 것을 기억하라는 것입니다. (23, 24쪽)

3. 우리가 잘한다고 여기는 인생살이에서 스스로 자신감을 내보일때, 점검해야 할 부분은 무엇입니까?

그것이 비난과 정죄로 가고 있는지 아니면 용서와 따뜻함으로 가고 있는지 점검해야 합니다. (24쪽)

03 • 나는 포도나무요 너희는 가지라

1. 우리가 예수에게서 떨어지는 일이 있습니까?

없습니다. (31쪽)

2. 성경이 말하는 죄란 무엇입니까?

'하나님이 없는 것'입니다. (34쪽)

3. 신앙 인생에서 가질 수 있는 자신감의 유일한 근거는 무엇입니까?

하나님이 결국 나를 통해 승리하시고 영광 받으신다는 것입니다. (37쪽)

04 • 진리의 성령이 오시면

1. 성령 하나님이 우리에게 오심은 어떤 일이었다고 성경은 주장합니까?

처음부터 작정된 일입니다. (43쪽)

2. 예수님이 오셔서 판이 어떻게 바뀌었습니까?

예수님이 오시기 전에는 사망이 왕이었지만, 예수님이 오셔서 죽음을 이기시고 부활 세상을 만드셨습니다. (44쪽)

3. 예수를 믿는다는 말은 무슨 의미입니까?

하나님이 사랑하는 자녀들을 영생과 영광과 기쁨이 승리하는 곳으로 데려가시기 위해 그분이 새로 만든 세상에 우리라는 존재가 속했다는 것을 아는 것입니다. (46쪽)

05 · 아들을 영화롭게 하사

1. 아버지께서 아들에게 주신 영광은 무엇입니까?

십자가에 죽는 것입니다. (53쪽)

2. 하나님은 우리를 위하여 예수님을 어떤 상태로 인도하십니까?

극단적 섬김의 상태로 인도하십니다. (54쪽)

3. 하나님은 우리를 종이 아닌 어떤 존재로 여기십니까?

친구로 여기십니다. (57쪽)

06 · 우리와 같이 그들도 하나가 되게 하옵소서

1. 요한복음 17장 11절에서 하나님의 거룩하심을 언급한 이유는 무엇입니까?

우리를 부르기 위해서입니다. (65쪽)

2. 성부 하나님이 성자 하나님에게 맡기신 일을 이제 누가 이어 받는다고 합니까?

우리입니다. (70쪽)

3. 예수님이 아버지께로 가신 것은 무엇을 위해서입니까?

아버지의 거룩하심과 예수의 기쁨이 우리 것이 되게 하기 위해 서입니다. (71쪽)

07 · 내가 그니라

1. 예수님은 언제 '내가 메시아가 맞다'라고 인정하십니까?

잡히시는 자리에서입니다. (77쪽)

2. 심문받는 자리에서 예수님이 하신 '나다'라는 답변을 설명해 봅시다.

'나는 하나님으로서 내 기쁨과 복을 너희에게 주기를 원하여 지금 여기에 있다'는 의미로 하나님이 모세에게 답변하신 것 처럼 예수님도 그렇게 말씀하신 것입니다. (79쪽)

질문과 답

3. 우리를 조롱하고 채찍질하는 현실에서 우리는 무엇을 해야 합니까?

예수님이 다 도망갈 제자들과 3년 반의 공생애를 보내셔야 했던 것같이, 우리도 하나님이 구원하고자 하시는 이웃과 함께 지내고, 그들 속에 들어가 사는 일을 해야 합니다. (82쪽)

08 · 십자가에 못 박게 하소서

1. 빌라도와 예수님 사이에서 첨예한 갈등을 일으키는, 보다 근본적인 문제는 무엇이었습니까?

진리가 무엇인지에 대한 것입니다. (89쪽)

2. 우리가 가지고 싶은 진리는 무엇입니까?

힘입니다. (91쪽)

3. 예수님이 어린아이를 세우셔서 제자들을 가르치신 이유는 무엇입니까?

어린아이는 무력하고 권력에서 제외되어 있기 때문입니다. (93쪽)

09 · 예수께서 자기의 십자가를 지시고

1. 심판으로 마무리되는 어쩔 수 없는 인간의 운명 속에 주어지는 하나님의 책임 있는 해법은 무엇입니까?

예수입니다. (102쪽)

2. '예수를 믿는다'는 말은 어떤 의미를 지니고 있습니까?

사망이 운명인 자리에서 영생이 운명인 자리로 와 있다는 의미입니다. (104쪽)

3. 은혜가 왕 노릇 하는 세상을 만드신 하나님이 우리에게 요구하시는 것은 무엇입니까?

힘껏 자라라고 요구하십니다. (106쪽)

10 · 네가 나를 사랑하느냐

1. 베드로가 한 세 번의 대답에 깔려 있는 함의는 무엇입니까?

'저는 진심이었습니다만, 실력이 모자랐습니다.' (113쪽)

2. 베드로의 예를 통해 우리에게 주시는 주님의 교훈은 무엇입니까?

'네 실패가 일을 한다. 그러므로 너는 걱정 말고 네 인생을 살아라.' (115쪽)

3. 십자가를 보이시며 예수께서 우리에게 하시는 말씀은 무엇입니까?

승리가 없는 것 같은 이 길을 가고 거기서 죽으라고 하십니다.
(117쪽)

11 · 그의 증언이 참된 줄 아노라

1. 요한복음 21장 25절은 무엇을 말하고 있습니까?

'진정으로 감탄할 만한 결론은 기적이 아니라 다른 데 있다'고 이야기한 것입니다. (125쪽)

2. 예수께서 우리와 함께하심으로 인류 역사는 어디에서 어디로 바뀐다고 합니까?

하나님을 배반한 자리에서 그분과 묶인 세상으로 바뀝니다.
(128쪽)

3. 우리의 존재가 다른 존재가 된다는 것은 무슨 뜻입니까?

"말씀이 육신이 되어 우리 가운데 거하시매 우리가 그의 영광을 보니 아버지의 독생자의 영광이요 은혜와 진리가 충만하더라"(요1:14)라는 말씀에서 알 수 있듯, 우리가 알고 있는 모든 개념들이 바뀐다는 것입니다. (129쪽)